JAN DOSTAL

# Wie wächst man in die Anthroposophie hinein?

JAN DOSTAL

# Wie wächst man in die Anthroposophie hinein?

*Vier Stufen des spirituellen Denkens*

VERLAG FREIES GEISTESLEBEN

ISBN 3-7725-1605-X

1. Auflage 1996

Einband: Walter Schneider unter Verwendung
des Bildes «Michaeli» von Doris Hecht
Druck: Offizin Chr. Scheufele, Stuttgart

# INHALT

# VORWORT

Eigentlich sollte das Büchlein ohne ein Vorwort erscheinen; so wurde es auch in den Verlag eingereicht. Aber der Verlag, der sich dann in dankenswerter Weise sehr gründlich mit dem Inhalt befaßte, erklärte, das Büchlein sollte unbedingt ein Vorwort enthalten, denn die Leser hätten das Bedürfnis, auch etwas über die Motive und Absichten des Autors zu erfahren.

Nun, es sei. Aber wie es zu dem Entstehen des Büchleins gekommen ist, ist gar nicht leicht zu beschreiben: Ein ganzes – und zwar ziemlich langes – Menschenleben steht dahinter. So wird das Vorwort ein Stück meiner Lebensgeschichte enthalten müssen, leider. Ist es angebracht, den Leser mit solchen Dingen zu belästigen? Ich glaube, eher nicht. Zum Glück kann der Leser, wenn er will, das Vorwort überspringen. Das zu wissen ist trostvoll.

Wie dem heimkehrenden Jakob ein Engel in den Weg trat und Jakob die ganze Nacht mit ihm ringen mußte, um weiterzukommen, so lag es in meinem Schicksal, ein ganzes Leben lang mit dem Engel der

Anthroposophie ringen – und immer wieder ringen – zu müssen. Ich wurde in eine anthroposophische Familie hineingeboren. So stand der Engel der Anthroposophie schon im Kindesalter vor mir. Ohne Probleme fand ich mich in die Anthroposophie hinein. Nebenher nahm ich am Leben der Christengemeinschaft teil. Ich war ein intellektuell frühreifes Kind, und der Schulbesuch verstärkte diesen Wesenszug noch. Je älter ich wurde, desto kritischer beobachtete ich meine Umgebung, versuchte dabei auch mich selber kritisch zu beobachten. Ich empfand immer deutlicher, daß ein Riß zwischen Kopf und Herz durch meine Seele geht. Die Wärme meines Herzens lebte sich im Religiösen aus, die Kälte des Intellekts bestimmte aber nicht nur die Art meines Nachdenkens, sondern auch mein Verhalten anderen Menschen gegenüber. Ich spürte, daß etwas in mir nicht stimmt, aber wußte nicht, wie man es ändern könnte.

Später versuchte ich, den «Pfad der Verehrung» zu wandeln und wurde dadurch, wie mir scheint, ein wenig offener in meinem Herzen. Auch mühte ich mich gewissenhaft mit den sechs «Nebenübungen» ab; auch das brachte bestimmt einiges Positive. Die frühere Lust am Kritisieren nahm mit der Zeit deutlich ab. Aber der erwähnte Riß zwischen Denken und Fühlen blieb bestehen.

Wenn ich nun heute, nahe dem irdischen Lebensende, den Eindruck habe, daß ein solcher Riß, wenigstens teilweise, geheilt werden kann, muß ich an den Satz in Steiners *Wie erlangt man Erkenntnisse der höheren Welten?* denken, der mir die entscheidende Richtung wies: «Damit muß der Geheimschüler beginnen, daß er die Devotion in sein Gedankenleben aufnimmt.» Ich versuchte mir klarzumachen, was das bedeutet, und bemühte mich immer wieder, es in mir zu verwirklichen. Ich wurde gewahr, daß ich dadurch anfange, anthroposophische Texte anders zu denken als früher. Die Worte in den *Leitsätzen,* die ich früher nur wie von ferne zur Kenntnis nahm – «Dadurch zeigt sich auch, indem er (Michael) die Intellektualität durchdringt, daß in dieser die Möglichkeit ist, ein Ausdruck des Herzens, der Seele ebenso gut zu sein wie ein solcher des Kopfes, des Geistes» –, konnten plötzlich mit vollem, klaren Bewußtsein nachvollzogen werden.

Auch merkte ich, indem ich bestrebt war, auf das Seelenleben anderer Menschen einzugehen, daß infolge der Kultur- und Zivilisationsverhältnisse viele, sehr viele Menschen an einem ähnlichen inneren Riß kranken wie ich, wenn sich der Riß auch oft anders und ganz individuell äußerte. Auch unter Anthroposophen konnte ich das immer wieder beobachten. Durch meine eigene, durch Jahrzehnte sich hinziehende Erfahrung konnte ich begreifen, warum die sich immer wiederholenden Hinweise Steiners, daß anthroposophische Ideen in Fühlen und Wollen einströmen und den Menschen in seinem ganzen Seelenleben befruchten und umwandeln sollten, so schwer wahrzumachen sind. So dachte ich, wenn ich meine eigenen Gedanken und Erfahrungen zu Papier bringe, daß es vielleicht für den oder jenen hilfreich sein könnte. Zunächst wollte ich es in Form eines Aufsatzes tun; aber dann wurde ein ganzes Büchlein daraus.

Noch etwas kam dazu. In den langen Jahren, wo ich mich vergeblich bemühte, eine Brücke von der Denktätigkeit zum Fühlen zu schlagen, empfand ich auch einen für mich unangenehmen, ja peinlichen Riß zwischen den ersten, «philosophischen» Schriften Steiners und seinen späteren, «anthroposophischen» Ausführungen. Das «reine Denken» der «philosophischen» Schriften wollte sich nicht richtig in die Sprache der späteren Schriften und Vorträge hineinfinden. Ich versuchte mich darüber hinwegzutäuschen, aber auf die Dauer ging es nicht. Wieder sah ich, wie viele der anthroposophischen Freunde diesen Brückenschlag auch nicht zu vollführen vermögen. Jetzt, wo ich glaube, daß durch eine allmähliche Transformation des Denkens auch hier kein Riß zu bleiben braucht, schien es mir nützlich zu sein, die eigenen Denkerfahrungen, mögen sie auch vorläufig und bescheiden sein, doch auch anderen zu unterbreiten – vielleicht könnte es wiederum dem oder jenem helfen, gewisse Schwierigkeiten in einem kürzeren Zeitraum zu überwinden als ich.

Noch ein letzter Umstand trug dazu bei, daß ich mich schließlich hinsetzte und zu schreiben anfing. Meine familiären Umstände brachten es mit sich, daß ich im Herbst 1995, entgegen allen meinen Absichten, meinen Aufenthalt in Deutschland verlängern mußte und hier teilweise ungewöhnlich viel Zeit für mich hatte. Ich nahm das als Wink des Schicksals, die Gedanken, die mich jahrelang bewegten, niederzuschreiben. So entstand das Buch.

Ich hoffe, ich habe nichts Wesentliches verschwiegen. So scheint mir kein weiterer Grund vorhanden zu sein, den Leser noch länger vom eigentlichen Lesen aufzuhalten. Er möge das Büchlein mit derselben Ehrfurcht und Liebe zur Anthroposophie entgegennehmen, mit denen es geschrieben wurde.

*Jan Dostal*

# 1.
# VORSPIEL: DIE SPALTUNG DES GEDANKENSTROMS

Kaum wird man eine Weltanschauung finden, die die Widersprüche des Daseins mit einem solchen Ernst in sich aufgenommen hätte wie die Anthroposophie. Während religiöse Weltanschauungen geneigt sind, sich über das Widerspruchsvolle im Dasein hinwegzusetzen und einen einheitlichen, alles durchziehenden göttlichen Weltengrund zu verkünden; während viele Philosophen so schnell wie möglich alle bestehenden Widersprüche zu versöhnen versuchen, um entweder auch zu einem einheitlichen Urprinzip oder zu einem metaphysischen Urgegensatz (etwa zwischen Materie und Geist) zu gelangen, findet man im Lebenswerk Rudolf Steiners konsequent das Bemühen, die Widersprüche des Daseins in ihrer ganzen Eigenart in das gedankliche Weltbild einzubauen, ohne die Tendenz, sie gleich durch abstrakt-allgemeine Begriffe überbrükken zu wollen. Nun war Steiner bereits in seinen philosophischen Schriften der überzeugte Verfechter einer ursprünglichen Welteinheit gegenüber allen «Zwei-Welten-Theorien»; aber die Einheit, die er im

Sinne hatte (wir werden von ihr ausführlicher im 5. Kapitel sprechen), offenbart sich ihm zunächst auf allen Ebenen in einer unendlichen Pluralität, in einer kaum zu ergründenden Vielfalt von Wesenheiten aller Gattungen und aller hierarchischen Grade, die zueinander oft in krassesten Gegensätzen stehen. Im Sinne Steiners ist die Erkenntnis nicht dazu da, bestehende Gegensätze zu verwischen oder aufzulösen, sondern im Gegenteil, sie in ihrer ungemilderten Polarität zu begreifen. Wieviele Polaritäten erscheinen in seinem Weltbild, und wie werden sie von ihm immer wieder hervorgehoben und immer wieder neu beleuchtet! Licht und Finsternis, Leben und Tod, Verhärtung und Auflösung, Sympathie und Antipathie, Evolution und Involution und alle denkbaren anderen Gegensätze, sie alle werden von ihm als konstitutive Elemente des Weltenwerdens aufgefaßt, die auch in ihrer ungeschwächten Gegensätzlichkeit im Weltbild belassen werden müssen, will man zu einer wirklichkeitsgemäßen Erkenntnis durchdringen. Die Welt ist nicht nach einer einfachen, widerspruchslosen Logik aufgebaut. «Aus Widersprüchen besteht die Wirklichkeit. Wir begreifen die Wirklichkeit nicht, wenn wir nicht die Widersprüche in der Welt schauen.»[1]

Auch die zunächst unvereinbar scheinenden Gedankensysteme verschiedener Weltanschauungen sind nach Steiner im Weltgefüge begründet, denn in ihnen spiegelt sich die Vielfalt kosmischer Inspirations- und Wirkensquellen. Darum betont Steiner die Gleichberechtigung verschiedener weltanschaulicher Gesichtspunkte,[2] und er zeigt, daß jeder von ihnen berechtigterweise die Welt in einer anderen Beleuchtung, mit anderen Grundqualitäten und anderen Gesetzmäßigkeiten erscheinen läßt. Wie ein Haus oder ein Baum von verschiedenen Seiten jedesmal einen anderen Anblick bietet und erst der Zusammenklang der verschiedenen Eindrücke eine Vorstellung vom Ganzen ermöglicht, so gilt auf dem Gebiet der philosophischen Weltanschauungen, daß die eigentliche Wahrheit erst in der Zusammenschau der einseitigen Blickrichtungen, in ihrem gegenseitigen Sich-Ergänzen, im Aufnehmen der dissonierenden Gegensätze in einen umfassenden Akkord liegt. In ihm halten sich dann alle Gegensätze die Waage.

In einer solchen Einstellung scheint auch die Erklärung für ein zunächst befremdendes Bild im Epheserbrief des Paulus zu liegen, wo die Wahrheit ebenfalls im Zeichen des Gleichgewichts auftaucht: «Stehet fest, umgürtet an den Hüften mit der Kraft der Wahrheit» (6,14). Was hat die Wahrheit mit den Hüften zu tun? fragt man wohl. Die Hüfte, die Körperpartie, durch die der Mensch sich in seiner aufrechten Stellung im Gleichgewicht hält, wurde seit jeher mit den Kräften des Tierkreiszeichens Waage in Zusammenhang gebracht. Das Versetztsein in einen großen, ausgewogenen kosmischen Kräfte-Zusammenklang – das Erlebnis der Waage-Wirkung – gibt dem Menschen einerseits seine körperliche Festigkeit und Stütze zur Aufrichtung, läßt ihn andererseits aber zugleich geistig das Geheimnis der die Gegensätze umspannenden und sie miteinander aufwiegenden Wahrheit ahnen. Die Wahrheit offenbart sich in der Tat im Zeichen der Waage.

Viele Widersprüche könnten geklärt, viele Anlässe zu erbitterten Streitigkeiten vermieden werden, wenn man bedenken würde, daß man sich allen Welterscheinungen von verschiedenen Seiten nähern kann. Wieviele Widersprüche im Lebenswerk Rudolf Steiners, auf die so manche Gegner der Anthroposophie immer wieder triumphierend hinweisen, finden ihre Erklärung darin, daß Steiner denselben Gegenstand von verschiedenen Seiten beleuchtet und dabei von den Tatsachen selbst dazu geführt wird, die Darstellung jedesmal anders zu gestalten.

Aber man findet in Steiners Werk auch Widersprüche einer anderen Art, die nicht mit seinem Bemühen um eine allseitig umfassende Welterkenntnis zusammenhängen, sondern mit der verschiedenen Art, wie er sich selber in verschiedenen Perioden seiner Wirksamkeit gedanklich mit seinen eigenen geistigen Erfahrungen auseinandersetzte. Bei der Betrachtung dieser Widersprüche kann es zunächst scheinen, daß es kaum möglich ist, sie in irgendeine Art von Einklang zu bringen.

Man nehme zum Beispiel solche Sätze aus dem Jahre 1886: «Die Welt ist uns nicht allein so bekannt, wie sie uns erscheint, sondern sie erscheint so, allerdings nur der denkenden Betrachtung, wie sie ist. *Die Gestalt von der Wirklichkeit, welche der Mensch in der*

*Wissenschaft entwirft, ist die letzte wahre Gestalt derselben.»*[3] Eine Aussage, die jedem Hinweis auf eine mögliche übersinnliche Welt schon im voraus zu widersprechen scheint!

Man vergleiche sie mit der Grundeinstellung, die Steiner später in seiner *Geheimwissenschaft* (1910) fordert: «Wer als ‹Wissenschaft› nur gelten läßt, was durch die Sinne und den ihnen dienenden Verstand offenbar wird, für den kann selbstverständlich das hier als ‹Geheimwissenschaft› Gemeinte keine Wissenschaft sein.»[4]

Oder man vergleiche die erste Behauptung noch mit folgendem Ausspruch aus dem Jahre 1914: «Es ist oft davon gesprochen worden, was eigentlich unser Gedanken-, Sinnes- und Vorstellungsleben ist. Ich habe gesagt, es ist im Grunde genommen eine Art *Spiegelung* ... Auf diese Art sind wir in unserem alltäglichen Erleben ganz in einer Spiegelbilderwelt, und unser eigenes Sein ist in diese Spiegelbilderwelt hineinverwoben. Denn unser wahres Sein würden wir erfassen, wenn wir außerhalb unseres Leibes uns schwimmend fühlten in dem geistigen Sein.»[5] Die «letzte wahre Gestalt der Wirklichkeit» wird plötzlich als bloße wesenlose Spiegelung abgetan!

Muß es nicht scheinen, daß Steiner in seinen jüngeren Jahren eine Weltanschauung vertrat, in der es für eine geistige Welt kaum einen Platz gab, und erst später es für nötig hielt, auch äußerlich unwahrnehmbare Gebiete in die Welterklärung einzubeziehen? Kann aber umgekehrt von diesem späteren

Gesichtspunkt aus der frühere überhaupt noch ernst genommen werden?

Aus Steiners Autobiographie erfahren wir, daß er schon seit seiner Kindheit hellseherische Erfahrungen hatte. Demnach konnte er die Existenz höherer Daseinsbereiche selber nie bezweifeln. Aber warum erwähnt er dann in seinen philosophischen Jugendwerken, einschließlich der *Philosophie der Freiheit*, mit keinem einzigen Wort die Möglichkeit der Existenz einer übersinnlichen Welt? Oder hatte er ursprünglich die Absicht, über seine geistigen Erfahrungen ein für allemal zu schweigen?

Solche Fragen wurden schon öfter erwogen. Immer wieder versuchte man, darauf etwa in diesem Sinne zu antworten: Steiner wußte zwar ganz gewiß nicht nur, daß es eine übersinnliche Welt gibt, sondern auch, daß unsere Kultur zu ihrer Fortentwicklung dringend Erkenntnisse darüber braucht. Aber er sah auch, daß die Menschheit noch nicht reif ist, solche Erkenntnisse bewußt entgegenzunehmen und zu verarbeiten. So beschloß er denn, zuerst ein erkenntnistheoretisches Grundgerüst zu errichten, ohne noch über eine geistige Welt zu sprechen, um erst dann, darauf aufbauend, die Ergebnisse der höheren Erkenntnisarten, Imagination, Inspiration und Intuition, der Menschheit zugänglich zu machen. – Man kann den Eindruck haben, daß eine solche Auffassung der Vorstellung eines neuzeitlichen Eingeweihten eine gewisse Größe verleiht: Der Menschheit wegen verstand er zu warten, um zuerst geduldig, Schritt für Schritt, die Vorbedingungen zu einem Verständnis für seine künftige Verkündigung zu schaffen, wenn er als Geisteslehrer vor die Welt treten würde ...

Aber es gibt noch eine andere, von der erwähnten diametral verschiedene Deutung für die widerspruchsvollen Äußerungen Steiners in seinen verschiedenen Wirkensperioden. Da sagt man etwa: Auch Steiner kam doch zunächst als Kind, als ein Mensch auf die Welt, nicht gleich als Träger einer allumfassenden Weisheit. Auch er mußte sich zu seinem Eingeweihtentum erst durcharbeiten, ja durchkämpfen. So kam es dazu, daß er in einer bestimmten Lebensperiode aufrichtig ein gedankliches Weltbild zu entwerfen versuchte, eben mit den Gedanken, die er sich in jener Zeit schon voll erarbeitet hatte; später, im reiferen Alter, nach einem langjährigen Prozeß der Klärung und gedanklichen Verarbeitung auch seiner geistigen Schauungen, ist er dann zu etwas anderen Formulierungen vorgedrungen. Man mache es ihm doch nicht zum Vorwurf, daß seine Weltanschauung eine Entwicklung durchgemacht hat, gerade so wie er selber. Man sehe in ihm vielmehr ein wahrhaft inspirierendes Beispiel eines geistig strebenden Menschen. – Das wäre eine Einstellung, die die Widersprüche in Steiners Werk nicht zu mildern versucht, sondern sein Menschsein, seine menschliche Entwicklung betont und ihn dadurch dem Herzen seines Lesers näherzurücken vermag.

Ein Eingeweihter – ein strebender Mensch: War

Rudolf Steiner nicht beides? Gewiß. Aber doch wieder nicht ganz in dem Sinn, wie es von diesen zwei Gesichtspunkten aus erscheinen müßte. Sicher war er ein strebender, ein innerlich sich immer höher ringender Mensch. Nur sollte man ihm deshalb nicht gleich unterstellen, er habe sich von einer materialistischen Weltauffassung erst allmählich zu einer spirituellen emporgearbeitet – waren doch für ihn schon seit seiner Kindheit Wahrnehmungen einer übersinnlichen Welt etwas Gegebenes, Selbstverständliches. Wenn dem aber so war, sind wir doch wieder bei der ursprünglichen Frage angelangt: Warum drückte er sich zunächst so aus, als ob das durch die Sinne und den Verstand Ermittelte schon die ganze Wirklichkeit ausmachte?

Andererseits stimmt auch die Vorstellung des geduldig und konsequent-planmäßig vorgehenden Eingeweihten nicht, sie entspricht ebenfalls nicht dem wirklichen inneren Werdegang Rudolf Steiners. So wie sie sich die Wirksamkeit eines neuzeitlichen Eingeweihten ausmalt, verliefe diese im Grunde genommen doch viel zu bequem und problemlos. Man lese Steiners Autobiographie. Man wird sehen, daß Steiner im dritten, vierten Jahrzehnt seines Lebens durchaus keinen präfabrizierten Plan seiner künftigen Wirksamkeit hatte. Es besteht kein Grund zur Annahme, daß er sich in den achtziger Jahren des 19. Jahrhunderts schon als angehender Geisteslehrer sah. So konnte er seine früheren Schriften auch nicht als ein Grundgerüst für seine spätere Verkündigung veröffentlicht haben. Auch hier stehen wir vor derselben Frage: Wie läßt sich der Widerspruch zwischen der Weltauffassung in Steiners früheren Schriften und seinem ganzen späteren Werk erklären und verstehen?

Gerade diese Frage soll der Ausgangspunkt für die Ausführungen dieses Buches sein. Sie entspringen der Überzeugung, daß die erkenntnistheoretischen Schriften Steiners bei weitem nicht nur eine «philosophische Grundlegung» seiner Geist-Erkenntnis abgeben, sondern daß sie die erste Etappe eines gigantischen Ringens um eine gänzlich neue Art des Umgehens mit Gedanken repräsentieren – eines Ringens um die Entwicklung einer bis dahin unentdeckten, neuen Methode der Gedankengestaltung, um eine *grundlegende Umwandlung des intellektuellen Denkens der Gegenwart in ein geisterfassendes Denken.* Ein einzelner Mensch nahm hier den Auftrag auf sich, eine neue Art der Denktätigkeit für die gegenwärtige und für die zukünftige Menschheit zu initiieren. Ist es nicht begreiflich, daß eine solche Aufgabe einen kaum vorstellbaren Aufwand an geistigen Kräften erforderte und ganze Jahrzehnte in Anspruch nehmen mußte? Was jedoch durch diese Bemühungen zustande kam, stellt ein bisher noch viel zu wenig wahrgenommenes Vermächtnis dar an alle, die sich mit Steiners Werk befassen wollen.

Man kann nach der Schilderung in seiner Autobiographie *Mein Lebensgang* voraussetzen, daß schon seit seinen Jugendjahren das Erleben der Geistwelt in seinem Innern zur Offenbarung drängte. Aber er wußte auch und hat es oft bitter erfahren müssen, daß es darüber zunächst keine Verständigungsmöglichkeiten gab. Es fehlte bei weitem nicht nur eine erkenntnistheoretische Untermauerung für Erkenntnisse dieser Art, sondern es gab in der gesamten Konfiguration des modernen Bewußtseins – auch Steiner war in seinem Alltagsleben auf dieses Bewußtsein angewiesen! – überhaupt kein geeignetes Instrument weder für ihre Mitteilung noch für ihre Aufnahme; es gab keine Seelenfähigkeit, durch die sie der Mensch hätte bewußt entgegennehmen, verarbeiten oder sogar für das Erdenleben fruchtbar machen können. Das intellektuell-abstrakte Denken, wie es sich während der letzten Jahrhunderte ausbildete, war unfähig, Wesenhaft-Geistiges denkerisch zu erfassen. Steiner schildert später diese Lage:

«Stumpf werden die Erkenntniskräfte für das Geistige ... Die Denker verlieren aus ihren Ideen den geistigen Inhalt. Sie machen im Idealismus von der ersten Hälfte des neunzehnten Jahrhunderts die geistleeren Ideen selbst als schaffenden Welt-Inhalt geltend. So Fichte, Schelling, Hegel; oder sie weisen auf ein Übersinnliches, das sich verflüchtigt, weil es entgeistigt ist. So Spencer, John Stuart Mill und andere. Die Ideen sind tot, wenn sie den lebendigen Geist nicht suchen. – Der geistige Blick für das Geistige geht nun einmal verloren.»[6]

Auch wenn sich Steiner in den achtziger Jahren des 19. Jahrhunderts noch durchaus nicht als künftigen

Geisteslehrer sah, mußte es ihm brennend wichtig erscheinen, auf die Möglichkeit geisterfüllten Erlebens hinzuweisen. Aber wie? Auf irgendeine Weise mußte dabei doch an das entgeistigte Denken der Gegenwart angeknüpft werden. Ein anderes Seelenvermögen stand ja für ein bewußtes Verständnis nicht zur Verfügung. Steiner sah die Schwierigkeit der Aufgabe mit aller Deutlichkeit vor sich:

«In meinem Innern ergab sich ... die Nötigung, meine Anschauung von der geistigen Welt in die Form einer gedanklich durchsichtigen Darstellung zu bringen. Das erforderte eine innere Abgezogenheit von allem, womit ich durch das äußere Leben verbunden war.»[7]

«Eine innere Abgezogenheit von allem», also auch eine innere Loslösung von der ganzen Art, wie die Menschheit sich damals bewußt in der Welt zurechtfand. «Eine gedanklich durchsichtige Darstellung», aber dabei aus einer ganz ungewohnten seelischen Einstellung heraus, mit einer neuen Blickrichtung. Die «stumpfen Erkenntniskräfte» sollten auf irgendeine Weise für die Erfassung des Geistigen geschärft werden. Aber wie? Wer konnte damals ahnen, daß ein historischer Augenblick in der menschlichen Geistesgeschichte angebrochen war? Es kommt da, in den achtziger Jahren des 19. Jahrhunderts, zu Steiners erstem großen Beitrag zur Weiterentwicklung des modernen Denkens. Durch diesen Beitrag wurde das Ende des 19. Jahrhunderts zu einem allerbedeutendsten Wendepunkt. *Die Entwicklung der*

*Denkfähigkeit, die in der Vergangenheit zwar in deutlich voneinander verschiedenen Perioden, aber bisher einheitlich verlief, spaltet sich damals in zwei divergente, auseinanderstrebende Ströme.* Der eine stellt die mechanische Fortsetzung der bisherigen Denkentwicklung dar, immer abstrakter werdend, immer lebloser, immer wesenloser. Er beherrscht das allgemeine Erkenntnisstreben der Menschheit und ist auf allen Ebenen des heutigen Zivilisations- und Kulturlebens wirksam. Der andere entsteht unmerklich und allmählich durch die Bemühungen Steiners, seine geistigen Erfahrungen gedanklich festzuhalten. Die erste Etappe dieser Entwicklung erreicht dann ihren Höhepunkt und ihre Vollendung im Erscheinen der *Philosophie der Freiheit* (1893/94).

# 2.
# DIE ERSTE STUFE: REINHEIT

Dem *Lebensgang* können wir entnehmen, daß Steiners Bemühungen um ein geisterfassendes Denken zunächst nach keinem vorgefaßten Plan verliefen, sondern immer – wie es ja auch für seine spätere Tätigkeit charakteristisch ist – auf äußere Anlässe hin. Ein erster Anlaß, seinen bisherigen Gedanken über Mensch und Welt klare Form zu geben, war die Begegnung mit der Dichterin Marie Eugenie delle Grazie, deren Dichtungen von einer tragisch-pessimistischen Grundstimmung, vom Bewußtsein eines unabwendbaren Triumphes unbarmherziger Natur- und Schicksalsgewalten über alle Menschenideale geprägt waren. Steiner fühlte sich gedrängt, in einem *Sendschreiben* an die Dichterin ihr die Möglichkeit einer anderen Einstellung dem Leben gegenüber vor die Seele zu rücken, vor allem die verheißungsvollen Perspektiven menschlicher Freiheit hervorzuheben. So mußte er nach einer Zusammenfassung und Präzisierung seiner Gedanken suchen:

«Gerade in dieser Zeit reiften die ersten Gedanken

zu meiner später erschienenen *Philosophie der Freiheit* heran. In dem oben gekennzeichneten Sendschreiben an delle Grazie ... liegt ... die Urzelle dieses Buches.»[8] Dazu gesellten sich dann noch zahlreiche weitere Schicksalsimpulse. Ein Anlaß dieser Art war auch die Aufgabe, eine Einleitung zu Goethes naturwissenschaftlichen Schriften zu schreiben. Weitere Anregungen brachten die Lektüre von Hamerlings *Homunculus,* auch die Bekanntschaft mit bisher unveröffentlichten Manuskripten im Goethe-Archiv, ein Gespräch mit dem Philosophen Eduard von Hartmann oder Gespräche mit der Schriftstellerin Rosa Mayreder. Der Gedankenbogen seiner *Philosophie der Freiheit* fügte sich so immer deutlicher zusammen.

Wodurch unterscheidet sich nun das «neue» Denken, zu dem sich Steiner in jener Zeit allmählich durcharbeitete und von dem in seinen damaligen philosophischen Schriften die Rede ist, von jenem allgemeinen, fortlaufenden Strom des intellektuellen Denkens? Vor allem dadurch, daß die neue Begriffsbildung nicht mehr als Verallgemeinerung äußerer Eindrücke oder deren schemenhafte Spiegelung, sondern als selbständige, produktive geistige Tätigkeit erlebt wird: «So wird der Erkenntnisvorgang ein Glied in der Gestaltung der Welt-Wirklichkeit. Der Mensch schafft an dieser Welt-Wirklichkeit mit, indem er erkennt.»[9] Das Denken wird also als ein realer Prozeß erlebt, als ein eigenständiger Bestandteil des Weltgeschehens. Ähnlich drückt es auch der

Meditationssatz in dem Buch *Die Schwelle der geistigen Welt* aus: «Ich empfinde mich denkend eins mit dem Strom des Weltgeschehens.»[10]

Im Ausüben und Erleben der Denktätigkeit wird man nun gewahr, daß durch das Denken etwas zu der Welt der Wahrnehmungen hinzugefügt wird, was nicht aus der Wahrnehmungswelt selber stammt, sondern aus einer anderen Seinsschicht: Begriffe, gedankliche Bezüge und Zusammenhänge. Erst durch diese Hinzufügung von etwas, was scheinbar aus dem menschlichen Innern auftaucht, kommt die Wirklichkeit der Dinge zum Vorschein, denn jenes Etwas enthält das eigentliche Geheimnis der Dinge. Erst durch Hinzufügung des im Denken sich Offenbarenden zu den Wahrnehmungen werden diese zur eigentlichen «Wirklichkeit» ergänzt; erst durch das Auffinden gedanklicher Zusammenhänge zwischen den Dingen und Wesen (zum Beispiel «Ursache – Wirkung», «jünger – älter», «stehen – sich bewegen») wird die Welt als Wirklichkeit erfaßbar, übersichtlich und verständlich. Die im Denken sich enthüllenden Zusammenhänge bilden das äußerlich unsichtbare reale Geistgefüge jeder Erscheinung.

Aber um das alles – sowohl den Tätigkeitscharakter des Denkens als auch die Bedeutung des Gedankengehaltes für die Weltwirklichkeit – gewahr werden zu können, muß man eine scheinbar selbstverständliche, nur äußerst ungewohnte Tätigkeit entfalten: Man muß versuchen, das Denken selbst zu beobachten, sein Denken wahrnehmend auf die eigene Denktätigkeit zu richten. Die eigenen Begriffe, Ideen, Gedankenverbindungen müssen einem zum Erkenntnis-Objekt werden. Steiner hat in seinen philosophischen Schriften ausführlich beschrieben, inwiefern die *Beobachtung des Denkens* möglich ist und wie sie zu vollziehen ist. Durch die Hinwendung des inneren Blickes auf das Denken ist es möglich – vielleicht nicht gleich, aber schrittweise –, die geistige Realität des Denkprozesses zu erkennen, die Unabhängigkeit des «Denkens an sich» vom Wahrnehmungsprozeß. Das ist die große Entdeckung Steiners.

Durch die wiederholt getätigte Beobachtung des Denkens kann man zur Erfahrung des «reinen», «sinnlichkeitsfrei» erlebten Denkens gelangen, von dem Steiner so oft spricht.[11] Vielen scheint allerdings eine derartige innere Tätigkeit, ohne jegliche Stütze durch Sinneseindrücke oder sinnliche Vorstellungen, von vornherein wenig verständlich und äußerst schwer durchführbar; das ist sie aber in Wirklichkeit nicht. Man versuche nur – möglichst gleich ohne Zuhilfenahme sinnlicher Vorstellungen –, Begriffe wie «Ursache», «Wirkung», «Weisheit», «Härte» zu denken, mit aufmerksamer Verfolgung des eigenen Denkens; oder man suche sich das Verhältnis der Ausdrücke «gut» – «besser» – «am besten» im eigenen Denken klar bewußt zu machen, oder «ich» – «du» – «er», oder man denke an den Inhalt von unscheinbaren Wörtchen wie «obwohl» oder «falls» oder dergleichen. Man kann durch solche Übungen verhältnismäßig leicht in ein nichtsinnliches, immer reingeistiges Sinn-Erleben hineingleiten. Wesentlich ist dabei, daß man sich nicht etwa bemüht, solche Gedankeninhalte mit Worten zu erklären, sondern sich lediglich darauf beschränkt, den Gedankeninhalt als solchen – so deutlich, wie es zunächst gelingt – im Bewußtsein aufleuchten zu lassen.

Es ging also Steiner in jener Zeit darum, zu zeigen, daß – wenn man das Denken in einer bestimmten Weise handhabt – man *im Denken* als solchem zum *Erleben einer geistigen Wirklichkeit* kommt. So wurde der Menschheit in einer überraschend neuen Weise ermöglicht, sich jederzeit von der Existenz eines objektiv Geistigen zu überzeugen.

Gelingt es dem Menschen, das Gebiet des sinnlichkeitsfreien Denkens zu betreten, zeigt sich ein zunächst unauffälliger, aber doch wichtiger, charakteristischer Unterschied zwischen solchen als geistige Realität erlebten und den gewöhnlichen, schattenhaft-abstrakten Gedanken. Die letzteren scheinen gewöhnlich nicht viel zu tun zu haben mit unserem Gefühls- und Willenswesen. Haben wir es mit gewöhnlichen Begriffen zu tun, so können wir sie sehr wohl auf ihre Richtigkeit hin prüfen, und nichts hindert uns bei den gewöhnlichen Urteilen, nach ihrer Gültigkeit oder Ungültigkeit, nach ihrer Wahrheit oder Unwahrheit zu fragen. Aber es wird bei einer solchen Prüfung nur unser logisches Denken in Anspruch genommen; andere, tiefere Seelenfähigkeiten werden dabei überhaupt nicht angesprochen.

Anders steht es mit den als real erfahrenen Gedanken. Sie zeigen immer einen leisen Bezug auch zu unseren Gefühls- und Willensimpulsen, genauer gesagt: zu unserem sittlichen Empfinden. Es öffnet sich hier die Möglichkeit, etwas Ähnliches im Gedankenbereich zu erfahren, wie es Goethe für das Farbengebiet in dem Kapitel seiner *Farbenlehre* über die «Sinnlich-sittliche Wirkung der Farbe» dargestellt hat. Die sinnlichkeitsfrei gedachten Gedanken rufen eine zarte, dem Menschen sonst unbekannte Art von Seelenresonanz hervor; sie können als «moralisch tingiert» erlebt werden. Zunächst handelt es sich dabei bloß um einen leichten ersten Ansatz zu einem Erleben dieser Art, aber wir werden bei der Schilderung der zweiten und namentlich der dritten spirituellen Denkstufe verfolgen, wie sich dieser Ansatz dann weiter ausgestalten kann. Steiner beschreibt die angedeutete «moralische Tingierung» der «reinen Gedanken» folgendermaßen:

«Wir müssen einfach, wenn wir wiederum zum Geistigen kommen wollen, radikal brechen mit alledem, was als Mystik von alten Zeiten überkommen ist, und wir müssen in der, ich möchte sagen, geistlosen, mechanischen Welt, die uns die moderne Wissenschaft gegeben hat, den Geist finden ...

Der neuere Mensch, derjenige Mensch, für den ich also eigentlich als dem zivilisierten Menschen Ende der achtziger Jahre, Anfang der neunziger Jahre meine *Philosophie der Freiheit* schrieb ... verfolgt nur dasjenige, was sich eben auch technisch konstruieren läßt; er verfolgt die Gesetzmäßigkeit der Umwelt selbst.

Da heraus läßt sich aber kein Moralimpuls finden. Auf diese Art lassen sich nur Naturgesetze bilden. So wie ich das hier gezeichnet habe, weil der ältere Mensch noch verbunden war mit dem Äußeren, waren in allem, was er sah, in Stein, Tier, Pflanze, noch wahrzunehmen die Moralimpulse, weil in alledem enthalten waren die göttlich-geistigen Wesenheiten. Davon ist in den Naturgesetzen nichts mehr drinnen. In den Naturgesetzen ist nur das drinnen, was in die Maschinen oder in den Mechanismus übergeht.

Was war daher die notwendige Aufgabe gerade dieser *Philosophie der Freiheit?* Ihre notwendige Aufgabe war diese, daß man sagte: Wenn der Mensch, indem er außerhalb der Natur steht, nichts mehr von Moralimpulsen finden kann, weil er nur Naturgesetze auf diese Weise hereinbekommt durch seine Sinne, dann muß halt der Mensch aus sich herausgehen, dann kann er nicht mehr in sich bleiben. Und ich mußte das erste Herausgehen schildern, wo der Mensch seine Leiblichkeit verläßt. Und dieses erste Herausgehen ist im reinen Denken, wie ich es dort in der *Philosophie der Freiheit* dargestellt habe. Das heißt: Jetzt rückt der Mensch nicht mit seinem instinktiven Hellsehen heraus, sondern jetzt rückt er aus seinem Leibe überhaupt heraus, versetzt sich in die Außenwelt. Und was hat er da? Da hat er, indem er das allererste, feinste Hellsehen vollzieht, die moralischen Intuitionen, oder wenn Sie es mit dem Ausdruck bezeichnen wollen, subjektiv, den ich damals gebraucht habe, er hat die moralische Phantasie. Da geht der Mensch von sich weg, um nun innerhalb des Technischen – das Geistige ist ja deshalb doch drinnen – dieses Geistige auf dem ersten Gebiet, auf dem Moralgebiet zu finden.»[12]

Indem der Mensch also «rein», «leibfrei» denkt, erlebt er die Welt moralisch gefärbt. Ein geistiges Erleben ist eigentlich immer zugleich ein moralisches Erleben. Die Welt, in sinnlichkeitsfreien Gedanken erfaßt, ruft den Menschen durch die Natur dieser Gedanken zu einer moralischen Antwort auf dieses Erleben auf. Die Intuitionen, aus denen das reine Denken seinen Inhalt schöpft, sind zugleich auch moralisch inspirierende Intuitionen. Indem der Mensch die Wahrheit als geistige Realität erlebt, erlebt er gleichzeitig schon ihren Zusammenhang mit der Welt des Guten, der sittlichen Ideen. Im Hinblick darauf charakterisiert Steiner seine damalige Absicht:

«Auf diesem Gebiete ging ich in jener Zeit weniger darauf aus, die rein geistige Welt darzustellen, in welcher der Mensch seine moralischen Intuitionen erlebt, als vielmehr darauf, den geistigen Charakter dieser Intuitionen selbst zu betonen.»[13]

Das war also die *erste Etappe* in seinem Bemühen, das überkommene Gehirndenken in ein Organ für Geist-Erfahrung umzubilden. Er machte auf das sinnlichkeitsfreie Denken aufmerksam, das als ein geistiger Tatbestand im menschlichen Seelenleben aufleuchten kann. Schon in diesem Denken kann man das Dasein einer in sich zusammenhängenden übersinnlichen Welt erfahren. Ohne noch intellektuell-bewußt seine künftige Wirksamkeit als Geisteslehrer im Auge zu haben, ohne sie schon planmäßig vorbereiten zu wollen, nur im Ringen um eine Verständnismöglichkeit für das Dasein des Geistigen im Menschen, hatte Steiner dadurch eine zuverlässige Erkenntnisgrundlage für seine spätere Verkündigung und auch für die bewußte Aufnahme geistiger Erkenntnisse geschaffen.

So kann er später im Rückblick auf seine philosophischen Schriften aus jener Zeit sagen: «Es stehen diese Schriften auf einer sehr wichtigen Zwischenstufe zwischen dem Erkennen der Sinneswelt und dem der geistigen Welt. Sie bieten dasjenige, was das Denken gewinnen kann, wenn es sich erhebt über die sinnliche Beobachtung, aber noch den Eingang vermeidet in die Geistesforschung. Wer diese Schriften auf seine ganze Seele wirken läßt, der steht schon in der geistigen Welt; nur daß sich diese ihm als Gedankenwelt gibt. Wer sich in der Lage fühlt, solch eine Zwischenstufe auf sich wirken zu lassen, der geht einen sicheren Weg; und er kann sich dadurch ein Gefühl gegenüber der höheren Welt erringen, das für alle Folgezeit ihm die schönsten Früchte tragen wird.»[14]

Die geistige Welt im Denken gewahr werden – in der Einleitung zum zweiten Band von Goethes naturwissenschaftlichen Schriften drückte es Steiner mit den oft zitierten Worten aus:

«Indem sich das Denken der Idee bemächtigt, verschmilzt es mit dem Urgrunde des Weltdaseins; das, was außen wirkt, tritt in den Geist des Menschen ein: er wird mit der objektiven Wirklichkeit auf ihrer höchsten Potenz *eins. Das Gewahrwerden der Idee in der Wirklichkeit ist die wahre Kommunion des Menschen.»*

## 3.
## DIE ZWEITE STUFE: EHRFURCHT

In seinem ganzen Wirken knüpfte Steiner immer geduldig an das neuzeitliche intellektuelle Denken an. Vor allem gilt das natürlich von seinen philosophischen Schriften. Sie können rein durch dieses Denken verstanden werden, sofern nur der Intellekt im Verfolgen der Ausführungen Steiners die geschilderte Umwandlung zu vollziehen bereit ist – das heißt sich von den wahrgenommenen und vorstellbaren Dingen zurückzieht und sich der eigenen Denktätigkeit zuwendet. Selbst das intellektualistischste Denken kann dadurch – auf der Ebene der sinnlichkeitsfreien Begriffsbildung – die Realität einer geistigen Welt erfahren.

Was man jedoch selbst mit dieser Errungenschaft noch nicht bewußt durch das Denken erfassen kann, sind die Inhalte der Imagination, Inspiration und Intuition, wie sie Steiner seit der Jahrhundertwende vermittelte. Man kann sich verschiedenartig darüber täuschen. Aber stellt man sich aufrichtig und rücksichtslos den eigenen Verständnismöglichkeiten gegenüber, wird man das Ausgesprochene bewahrheitet finden. Was ist es nun, was den Menschen an dem Erfassen solcher geistigen Inhalte hindert? Es ist das allgemeine Unvermögen des Intellekts, etwas zu begreifen, was von wesenhaft höherer Natur ist als der Mensch selber. Die Verhältnisse des Mineralreichs, bis zu einem gewissen Grade auch diejenigen des Pflanzen- und Tierreichs und auch des menschlichen Lebens kann er denkend verstehen; aber um die Natur eines Engels oder eines Erzengels nicht nur abstrakt-schematisch, sondern in der wahren Eigenart ihres Wesens zu begreifen, dazu fehlen ihm die nötigen Voraussetzungen eigener Erfahrung. Da er solche Wesen selber nicht auch wahrnehmen kann, findet er in sich nicht die entsprechenden gedanklichen Intuitionen, durch die er sie bewußt erfassen könnte. Viele Menschen fühlen dieses Unvermögen und legen gerade deswegen Bücher über höhere Welten von vornherein beiseite. Sie wollen nicht unehrlich vor sich selber erscheinen, wollen nicht vorgeben, sie würden beim Lesen etwas verstehen, was ihnen eigentlich doch nur als leere Worte vorkommen muß.

Gibt es dann überhaupt einen Zugang zum denkenden Verständnis von Tatsachen und Wesen, die über dem Menschen stehen? Man suche sich dieser Frage, von welcher Seite auch immer, zu nähern, man wird doch jedesmal zum Ergebnis kommen, daß es nur einen einzigen Schlüssel zum Tor höherer Erkenntnisse gibt: das Gefühl der *Ehrfurcht.* Wenn ich meinen Begriff eines Engels mit dem entsprechenden Grad von Verehrung erfüllen kann, hindert mich nichts mehr daran, mir sein deutlich über mir stehendes Wesen klarzumachen. «Damit muß der Geheimschüler beginnen», sagt Steiner, «daß er die Devotion in sein Gedankenleben aufnimmt.»[15] Wohlgemerkt: nicht daß er bloß devotionelle Gefühle neben seinem Denken einhergehen läßt; das Wesentliche ist, daß diese auch sein *Denken* durchdringen. Soll ich ein hierarchisches Wesen denken, muß ich imstande sein, in meinen Gedanken das Bewußtsein meines inneren moralischen Abstands von ihm aufleben zu lassen. Und je höher das Wesen steht, das ich verstehen will, desto inniger muß die Ehrfurcht sein, mit der ich es in meine Gedanken aufnehme. Beim Studium aller geisteswissenschaftlichen Inhalte müssen die Gedanken von bestimmten Gefühlen durchwärmt werden, vor allem eben mit Gefühlen der Bewunderung, der Verehrung, der demütigen Scham; erst dann kann man Mitteilungen über göttlich-geistige Wesenheiten in adäquater Weise entgegennehmen. Dieses Gesetz gilt für jegliches denkende Erarbeiten übersinnlicher Erkenntnisse.

Von daher kann man auch verstehen, was Steiner meint, wenn er in der Vorrede zu seiner *Theosophie* (1904) mahnt: «Wie man Bücher in unserem Zeitalter zu lesen pflegt, kann dieses nicht gelesen werden. In einer gewissen Beziehung wird von dem Leser jede Seite, ja mancher Satz *erarbeitet* werden müssen. Das ist mit Bewußtsein angestrebt worden. Denn nur so kann das Buch dem Leser werden, was es ihm werden soll. Wer es bloß durchliest, der wird es gar nicht gelesen haben. Seine Wahrheiten müssen erlebt werden. Geisteswissenschaft hat nur in diesem Sinne einen Wert.»

Nimmt man solche Hinweise ernst? Beachtet man sie in gebührendem Maße bei der anthroposophischen Arbeit? Versucht man wirklich, in ihren Sinn einzudringen? Was heißt hier «erarbeiten»? Etwa so lange über einem Absatz grübeln, bis einem der logische Zusammenhang klarer wird? Nein, etwas viel Bedeutenderes: Man muß sich bemühen, nicht nur das Denken, sondern auch tiefere Seelenaktivitäten in sein Studium einzuschalten; denn erst durch das Hineinnehmen von inneren Abstands- und Ehrfurchtsgefühlen in die denkerische Arbeit wird man imstande sein, «die Wahrheiten eines solchen Buches zu *erleben»*, wie Steiner es fordert. Und er setzt ja noch hinzu: «Geisteswissenschaft hat nur in diesem Sinne einen Wert.»

Im vierten Abschnitt des ersten Kapitels der *Theosophie* kommt Steiner erneut von einem etwas anderen Gesichtspunkt auf die von Gefühlen begleitete Gedankenarbeit zu sprechen, indem er sagt: «Die höchsten Gefühle sind eben nicht diejenigen, die ‹von selbst› sich einstellen, sondern diejenigen, welche in energischer Gedankenarbeit errungen werden.» Das sind eben diejenigen Gefühle, in denen der Geistesschüler beim Studium leben sollte und die sein Denken für höhere Tatbestände aufnahmefähig machen sollten.

Nur solche kurzen Bemerkungen über diese Zusammenarbeit von Kopf und Herz findet man in den

Schriften, die Steiner während seiner Wirksamkeit in der Theosophischen Gesellschaft verfaßt hat. In grundlegender Weise wird dieses Thema aber in dem Vortragszyklus *Die Welt der Sinne und die Welt des Geistes* behandelt, wo Staunen und Ehrfurcht als Vorbedingungen und Anfangsstufen jedes wirklichkeitsgemäßen Erkennens der Welt beschrieben werden. Merkwürdigerweise spricht er in seinen so zahlreichen anderen Vorträgen nicht mehr ausführlich darüber.

Warum wohl? Offensichtlich, weil in theosophischen Zusammenhängen ein anderes Problem in den Vordergrund trat: die grundlegende Entwicklung denkerischer Klarheit als solcher. Immer wieder weist Steiner damals auf die Wichtigkeit des logischen Denkens hin, immer wieder betont er die entwicklungsgeschichtliche Aufgabe des Denkens. Man kann nachempfinden, wie sehr er sich bemühte, bei den ehrfurchtsvoll gläubigen älteren Mitgliedern der Theosophischen Gesellschaft Regungen eines moderneren Bewußtseins wachzurufen. Auf der anderen Seite kann man voraussetzen, daß, wenn bei den Mitgliedern der Theosophischen Gesellschaft das Denken zu intensiverer Tätigkeit angefacht wurde, sich dann gerade die devotionellen Gefühle wie von selbst mit dem denkenden Verarbeiten geisteswissenschaftlicher Erkenntnisse verbinden konnten. So hatte Steiner wohl damals wenig Veranlassung, gerade jenes Thema reichhaltiger auszugestalten.

Immer wieder kommen allerdings in seinen Vorträgen einzelne Sätze vor, in denen auf die Notwendigkeit eines gefühlsdurchwirkten Denkens hingewiesen wird; aber eben nur einzelne Sätze, die damit zu rechnen scheinen, daß die Zuhörer dem Problem schon begegnet sind oder vielleicht so aufnahmebereit sind, daß sie die Mitteilung unmittelbar hinnehmen können.[16]

Mit einer ganz anderen Blickrichtung kam Steiner jedoch nach Jahren, in der allerletzten Zeit seiner Wirksamkeit auf die Zusammenarbeit von Kopf und Herz zurück, und zwar in Verbindung mit Mitteilungen über das Michael-Mysterium. Er schilderte da, wie die «kosmische Intelligenz» ursprünglich durch den Erzengel Michael verwaltet, in der Neuzeit aber dem Menschen selber anvertraut wurde. Da der Mensch jetzt im Zeitalter der Freiheit lebt und es an ihm liegt, wie er die Intelligenz gebrauchen wird, entsteht für die über ihm stehenden Wesen die Frage, ob die ursprünglich himmlische Intelligenz nun als kalt-teilnahmslose Intellektualität der ahrimanischen Sphäre anheimfällt oder geistdurchdrungen und überpersönlich-liebevoll in die Christus-Michael-Sphäre zurückfindet: «Das war die große Krisis, in der wir noch darinnenstehen, die Krisis, die sich ausdrückt als der Kampf Ahrimans gegen Michael: Ahriman, der alles aufwendet, um streitig zu machen dem Michael die Herrschaft über die Intelligenz, die jetzt irdisch geworden war – Michael, der sich bemüht, mit allen Impulsen, die er hat, nun, nachdem ihm die Herrschaft über die

Intelligenz entfallen war, sie wiederum beim Beginne seiner irdischen Herrschaft vom Jahre 1879 an auf der Erde zu ergreifen.»[17]

Die Entscheidung liegt beim Menschen. Und das ausschlaggebende Merkmal, wodurch sich Ahriman-verwandte und Michael-verwandte Intellektualität voneinander unterscheiden, liegt darin, daß die ahrimanisierte Intellektualität ausschließlich Kopf-Intelligenz ist, wogegen die michaelische mit der Beteiligung des ganzen Menschen rechnet: «Als kalt-frostiger, seelenloser kosmischer Impuls strömt von Ahriman die Intellektualität aus. Und *die* Menschen, die von diesem Impuls ergriffen werden, entwickeln eine Logik, die in erbarmungs- und liebeloser Art für sich selbst zu sprechen scheint – in Wahrheit spricht eben Ahriman in ihr –, bei der sich nichts zeigt, was rechtes, inneres, herzlich-seelisches Verbundensein des Menschen ist mit dem, was er denkt, spricht, tut.» – Indem Michael die Intellektualität durchdringt, «zeigt sich auch ... in dieser die Möglichkeit, ein Ausdruck, des Herzens, der Seele ebenso gut zu sein wie ein solcher des Kopfes, des Geistes. Denn Michael trägt in sich alle die Ursprungskräfte seiner Götter und der des Menschen. Dadurch überträgt er auf die Intellektualität nichts Kalt-Frostiges, Seelenloses, sondern er steht bei ihr in warm-inniger, seelenvoller Art.»[18]

«Das Michaelzeitalter ist angebrochen. Die Herzen beginnen, Gedanken zu haben; die Begeisterung entströmt nicht mehr bloß mystischem Dunkel, sondern gedankengetragener Seelenklarheit. Dies verstehen, heißt, Michael in sein Gemüt aufnehmen. Die Gedanken, die heute nach dem Erfassen des Geistigen trachten, müssen Herzen entstammen, die für Michael als den feurigen Gedankenfürsten des Weltalls schlagen.»[19]

Indem im Denkprozeß Herzkräfte beteiligt sind, können in der oben geschilderten Weise Erkenntnisse über die göttlich-geistige Welt im Menschendenken aufleben, und die Intelligenz kann, geistdurchleuchtet, neu zu Michael hinströmen. In dieser neuartigen Einstellung zum Denken besteht eine *zweite Stufe der Umwandlung des menschlichen Denkvermögens.*

Fragen wir jetzt weiter: Was geschieht durch diese Einbeziehung bestimmter Gefühle mit der Begriffsbildung? Kann man ihre neu erworbene Andersartigkeit irgendwie näher charakterisieren?

Gewiß. Zum ersten nähert sich jetzt der Mensch den Erkenntnissen nicht mehr als Usurpator, der sich unwillkürlich das Recht zuschreibt, jede Art von Erkenntnis jederzeit erzwingen zu dürfen. Die Begriffe, die Schlüsse, die Urteile werden nicht mehr als Zangen erlebt, durch die der Gegenstand der Erkenntnis jederzeit erfaßt und rücksichtslos angeeignet werden kann. Statt dessen werden die Begriffe zu Schalen, die bittend emporgehoben werden, um den Erkenntnisinhalt als Geschenk, als Gnadengabe in Empfang zu nehmen. Man *bemächtigt* sich nicht mehr des Gedankeninhalts, sondern man *bittet* innerlich um ihn: ein radikaler Unterschied in der seelischen Einstellung zur Erkenntnistätigkeit.

Der zweite Unterschied betrifft den Charakter und die Gestalt der Begriffe selber. Im gewöhnlichen Denken ist man meistens bestrebt, die Begriffe so eindeutig, so scharf umrissen, so unveränderlich wie nur möglich zu prägen. Man erblickt darin die Voraussetzung für jede exakt ihren Gegenstand erfassende Erkenntnis. Jeder Begriff sollte klar begrenzt, gut definierbar und dadurch deutlich von allen anderen unterschieden und getrennt sein. Indem man dann mit Hilfe solcher Begriffe ein Weltbild aufbaut, muß es infolgedessen aus lauter gesonderten, voneinander getrennten Bausteinen zusammengesetzt erscheinen. So wird die Welt notwendigerweise diskontinuierlich gedacht – etwa als aus einzelnen Molekülen oder Atomen zusammengefügt –, wobei alle solche Vorstellungen nichts anderes als die Spiegelung dieses diskontinuierlichen Denkens sind. Das Denken versucht die Welt zuerst zu zerstückeln, um sie begreifen zu können; denn es kann die Welt nicht anders als aus einzelnen unzusammenhängenden Teilen bestehend vorstellen.

Die geistige Welt kennt keine solche säuberliche Trennung ihrer Bestandteile. Man erinnere sich an die Beschreibung des «Geisterlandes» in der *Theosophie:* «Die Urbilder sind *schaffende Wesenheiten.* Sie sind die Werkmeister alles dessen, was in der physischen und seelischen Welt entsteht. Ihre Formen sind rasch wechselnd; und in jedem Urbild liegt die Möglichkeit, unzählige besondere Gestalten anzunehmen. Sie lassen gleichsam die besonderen Gestalten aus sich hervorsprießen; und kaum ist die eine erzeugt, so schickt sich das Urbild an, eine nächste aus sich hervorquellen zu lassen. Und die Urbilder stehen miteinander in mehr oder weniger verwandtschaftlicher Beziehung. Sie wirken nicht vereinzelt. Das eine bedarf der Hilfe des andern zu seinem Schaffen. Unzählige Urbilder wirken oft zusammen, damit diese oder jene Wesenheit in der seelischen oder physischen Welt entstehe.»

Vor einem solchen Bild muß das gewöhnliche Denken, wenn es sich selber ehrlich gegenübersteht, kapitulieren. Eine solche Darstellung ist nicht mit diskontinuierlichen Begriffen zu erfassen. Anders stellt sich die Sache erst dar, sobald das Denken von Gefühlsimpulsen durchdrungen wird. Jeder Mensch weiß, daß die Gefühle selber bei weitem nicht so deutlich umrissen, beständig, von anderen abgetrennt wie die gewöhnlichen Begriffe sind. Sie können auch nicht in ein übersichtliches, logisch aufgebautes System gebracht werden. Jede Art von Gefühl kann unzählige Schattierungen annehmen, sich auch in unzähligen Übergängen zu anderen Gefühlsnuancen äußern. Wenn wir ein Gefühl als «Bewunderung» oder «Ehrfurcht» bezeichnen, ist das nur ein ziemlich unbestimmter Hinweis auf ein weites, farbenreiches Gebiet innerer Erlebnisse; und man muß sich bewußt bleiben, daß es zwischen derart bezeichneten Gefühlen keine definierbaren Grenzen gibt.

Indem nun das Denken von Gefühlen befruchtet wird, nimmt es deren Beweglichkeit und deren Umwandlungsfähigkeit in sich auf und erlangt dadurch das Vermögen, nahtlose Übergänge zu anderen Begriffen zu bilden. Die Welt muß nicht mehr als kosmischer Baukasten vorgestellt werden, sondern als ein einziger, einheitlicher, alles in allem zusammenfassender Strom. Dadurch ist dann grundsätzlich auch die Möglichkeit hergestellt, das in sich zusammenhängende Leben der Geistwelt denkend zu begreifen.

Eines sollte dabei nicht vergessen werden: Die auf diese Weise in Bewegung geratenen Begriffe sollten dadurch nicht ihre Klarheit, ihre Einmaligkeit einbüßen. Sie auf dieser Stufe klar zu denken ist sicher anspruchsvoller als früher. Aber man sollte im Auge behalten, daß ja die Welt in Wirklichkeit durchaus kein Baukasten ist und daß man durch die so bequeme Baukasten-Logik höchstens ein subjektiv befriedigendes Hypothesengebäude, kein wirklichkeitsgemäßes Weltbild zusammenbasteln kann. Es ist nicht von ungefähr, daß Steiner in dem Vortrag über die «Praktische Ausbildung des Denkens»[20] gleich in der allerersten dem Schüler vorgeschlagenen Denkübung diesen vor die Aufgabe stellt, Begriffe für sich wandelnde Formen und Farben zu bilden: Er soll immer um eine bestimmte Tageszeit die dahinziehenden Wolken beobachten und diese Bilder dann miteinander vergleichen; eine bloße Kopflogik muß an dieser Aufgabe scheitern. Die sich bewegenden Wolken sind zwar ohne Zweifel eine deutliche Erscheinung, aber unsere Denkfähigkeit muß sich zu dieser Art beweglicher Klarheit erst emporarbeiten. –

Im Sinne der *Philosophie der Freiheit* werden zu

bestimmten Wahrnehmungen die ihnen entsprechenden Begriffe durch das, was Steiner «Intuition» nennt, gefunden. Etwas Ähnliches gilt selbstverständlich auch für das Bilden von geisteswissenschaftlichen Begriffen auf dieser Denkstufe. Nur geht man diesmal nicht von eigenen Wahrnehmungen oder Vorstellungen aus, sondern von Gedanken, die in den jeweiligen geisteswissenschaftlichen Schriften enthalten sind. Um sie zu verstehen, muß man ihnen auch hier entsprechende Intuitionen entgegensenden. In diesem Falle heißt das: Man muß Begriffe in sich bilden, die von *richtigen, dem Inhalt entsprechenden Gefühlsnuancen tingiert* sind. Die Ehrfurcht, die dabei aktiv mitwirkt, wird differenzierte Intensitätsgrade und Gefühlsfärbungen annehmen, denn jede geisteswissenschaftliche Vorstellung bedarf einer spezifischen, für sie charakteristischen Empfindungsschattierung und Gefühlsintensität. Und unser bewußtes Eindringen in einen geisteswissenschaftlichen Text wird immer davon abhängig sein, ob wir im Sinne einer solchen Zusammenarbeit von Kopf und Herz die richtigen Intuitionen finden und wie deutlich uns eben dadurch das Erfassen des Inhaltes gelingt.

Um verständlich zu machen, was damit konkret gemeint ist, sei eine – allerdings äußerst schematische – Andeutung gewagt. Handelt ein geisteswissenschaftlicher Text etwa von Elementarwesen oder ähnlichen Erscheinungen der Naturgeistigkeit, können wir sie denkend richtig zu begreifen versuchen, indem unser Denken mit der zartesten Nuance von Ehrfurchtsgefühl durchdränkt wird, mit einer Nuance von dem, was wir im allgemeinen «Bewunderung» nennen. Wird dagegen von Engeln oder Erzengeln gesprochen, also von Wesen, die innerlich deutlich höher stehen als wir, sind wir aufgefordert, die Lektüre mit einer etwas tieferen Art von Ehrfurcht zu begleiten, also mit «Ehrfurcht» im eigentlichen Sinne. Sollen wir hingegen höchste kosmische Wesenheiten – etwa die Cherubim oder Seraphim – nicht nur schemenhaft «zur Kenntnis nehmen», sondern in unser Denken über die Welt real einströmen lassen, muß sich auch die im Denken wirksame «Ehrfurcht» bis zu einem höchsten Grad von «Begeisterung» steigern; andernfalls entgeht uns das Wesentliche solcher Begriffe. Für jedes Wesen und jeden Tatbestand müssen uns also unsere Intuitionen in anderer Weise gefühlsdurchtränkte Begriffe liefern.

Es muß und es sollte natürlich diese Denkstufe nicht auf geisteswissenschaftliche Mitteilungen beschränkt bleiben. Nichts steht uns im Wege, wenn wir uns auf dieselbe Weise denkend auch der sichtbaren Welt gegenüberstellen wollen. Durch die in unser Denken einstrahlende Ehrfurcht werden wir dann auch in den anscheinend «unter uns stehenden» Naturreichen Wirkungen gewahr werden, die unserer Sinneserfahrung unzugänglich waren – Wirkungen der Lebenskräfte, des Seelischen, des Geistigen. Auch im Menschenreich kann sich uns manches neue Verständnis erschließen, wenn wir uns dem anderen

Menschen mit Ehrfurcht vor dessen innerstem Wesen nähern und ihn in seinen Absichten, seinem Wollen zu begreifen suchen. Erst durch das Bemühen um eine solche innere Offenheit gegenüber dem für uns zunächst Wesensfremden kann ein soziales Zusammenleben begründet werden.

Aber es gibt noch eine weitere wichtige Errungenschaft im Bereich des eigentlichen Denkens, die durch den Ehrfurchtsimpuls ausgelöst wird: Wir werden entdecken, daß wir durch die neue Art des Denkens das Gebiet einer gänzlich anders gearteten Logik betreten. Immer wieder werden uns die Gefühle von Bewunderung oder Ehrfurcht das Unhaltbare gewöhnlicher intellektueller Überlegungen, das heißt der leblosen Logik gegenüber den Erscheinungen des Lebens zeigen. Man nehme etwa die Darwinsche Evolutionstheorie, wonach durch ungezählte zufällige, kleine, aber vererbbare Abänderungen der leiblichen Gestalt die Organismen allmählich immer vollkommener wurden, da die mit vollkommeneren Organen ausgestatteten Lebewesen sich gegenüber den auf der bisherigen Entwicklungsstufe verbleibenden, weniger vollkommenen im Lebenskampf jeweils besser behaupten und leichter überleben konnten. Diese Theorie ist nicht an einem Schreibtisch entstanden. Sie stützt sich auf eine große Menge von Einzelbeobachtungen und kann dem gewöhnlichen Denken logisch und überzeugend erscheinen. Das gilt jedoch nur so lange, wie man nicht denkend die Bewunderung zu Hilfe nimmt. Man versuche doch irgendeine Einzelheit eines tierischen Körpers mit einer natürlichen Bewunderung zu betrachten. Man beobachte zum Beispiel eine Kreuzspinne, wie sie ihr kunstvolles Netz verfertigt. Sie tut das, indem sie durch ihre Spinndrüse eine Flüssigkeit ausscheidet, die durch Spinnwarzen aus dem Körper herausdringt und an der Luft sofort zu einem dünnen Faden gerinnt. An den Füßen der Spinne befindet sich außerdem eine besondere Einrichtung, mit deren Hilfe die Fäden jeweils in einer bestimmten Richtung gezogen und so zu einem Netz bearbeitet werden können. Sobald man das Wunder dieser körperlichen Organisation wirklich empfunden hat, weiß man *ohne jeden weiteren Beweis,* daß die Logik der «kleinen zufälligen Änderungen» unmöglich stimmen kann. Man weiß mit unmittelbarer Evidenz und voller Klarheit, daß jede Vorstellung einer mehr oder weniger mechanisch verlaufenden Evolution unhaltbar ist – auch wenn mit den Mitteln gewöhnlicher Logik die Unrichtigkeit einer solchen Evolutionslehre nur mit größter Mühe darzulegen wäre.

Auf der anderen Seite kann man durch das Hineinnehmen der charakterisierten Gefühle in den Prozeß des Verstehens die weisheitsvolle innere Logik vieler geisteswissenschaftlicher Schilderungen einsehen, die – wieder äußerlich betrachtet – zunächst eines logischen Zusammenhalts zu entbehren scheinen. Die Logik, die sich einem dabei enthüllt, ist nicht eine solche, die geradlinig Urteil an Urteil knüpft, sondern sie ist der Logik einer künstlerischen Form wesensverwandt. So erkennt man auch durch das Ehrfurcht-durchdrungene Denken immer deutlicher, daß die Welt kein Mechanismus ist, keine kosmische Maschinerie, sondern ein Götterkunstwerk.

Die allgemeinen Denkgewohnheiten unserer Zeit machen es selbst geistig aufgeschlossenen Menschen oft schwer, sich vorzustellen, daß es für die Erkenntnis der Welt oder für ein Verständnis der Anthroposophie von ausschlaggebender Bedeutung sein könnte, ob man auch Gefühle behutsam mit in das Bilden von Gedanken einbezieht. Aber man rufe sich in diesem Zusammenhang die Worte Steiners in die Erinnerung: «Es wird dem Menschen anfangs nicht leicht zu glauben, daß Gefühle wie Ehrerbietung, Achtung und so weiter etwas mit seiner Erkenntnis zu tun haben. Dies rührt davon her, daß man geneigt ist, die Erkenntnis als eine Fähigkeit für sich hinzustellen, die mit dem in keiner Verbindung steht, was sonst in der Seele vorgeht. Man bedenkt dabei aber nicht, daß die Seele es ist, welche erkennt. Und für die Seele sind Gefühle das, was für den Leib die Stoffe sind, welche seine Nahrung ausmachen. Wenn man dem Leibe Steine statt Brot gibt, so erstirbt seine Tätigkeit. Ähnlich ist es mit der Seele. Für sie sind Verehrung, Achtung, Devotion nährende Stoffe, die sie gesund, kräftig machen; vor allem kräftig zur Tätigkeit des Erkennens. Mißachtung, Antipathie, Unterschätzung des Anerkennenswerten bewirken Lähmung und Ersterben der erkennenden Tätigkeit.»[21]

# 4. ZWISCHENBETRACHTUNG: DIE ENTSTEHUNG DES NEUEN DENKENS IM WERDEGANG RUDOLF STEINERS

Sowohl die erste als auch die zweite Stufe des spiritualisierten Denkens können nur durch einen jeweils radikalen Schritt in eine neue, bisher unbekannte Richtung erreicht werden. Das «reine Denken» der philosophischen Schriften Steiners unterscheidet sich dadurch tief vom gewöhnlichen Denken, daß es die Blickrichtung beim Denken umkehrt und die denkende Beobachtung auf die Denktätigkeit selbst richtet. Zwischen dem üblichen und dem neu angeeigneten Denken liegt eine deutliche Kluft, die es zu überbrücken gilt. Gelingt es dem Menschen, sie zu überbrücken, tritt er in ein ganz neues Verhältnis zur Welt. Solange er intellektualistisch dachte, blieb er der Sinneswelt verhaftet. Indem er sich übend um das Erlebnis des «reinen Denkens» bemüht und so – mit oder ohne Absicht – den Pfad der höheren Erkenntnis betritt, geht er eine persönliche Beziehung zur geistigen Welt ein.

Aber auch zwischen der ersten und der zweiten Stufe, der Stufe der Ehrfurcht, des sich dem Geist öffnenden Denkens, liegt eine Kluft, ein merklicher

Abstand innerer Entwicklung. Als neue Errungenschaft erwirbt man sich durch diesen weiteren Schritt jetzt die Fähigkeit, geistige Tatsachen und Wesen adäquat in sein Denken aufzunehmen.

Bedenkt man diesen doppelten Abstand, wird es begreiflich erscheinen, daß auch im Wirken Rudolf Steiners beide Stufen nicht zugleich, sondern erst nacheinander, im Verlauf langjähriger Bemühungen, auftreten: daß zuerst der erste Schritt der denkenden Geisterfassung durch ihn vollzogen wird – in den zwei letzten Jahrzehnten des 19. Jahrhunderts, das heißt vorwiegend in einer Zeit, in der er noch nicht (oder wenigstens nicht deutlich) das Ziel vor sich sah, als Geisteslehrer vor die Öffentlichkeit zu treten. Erst am Anfang des neuen Jahrhunderts, als ihn das Schicksal vor die Aufgabe stellte, öffentlich über höhere Welten zu sprechen, befaßte er sich eingehender mit der Frage: Wie muß das Denken beschaffen sein, um auch geistige Tatsachen in sich aufnehmen zu können? Die Frucht dieser Bemühungen findet man in den Schriften, die er in der Zeit seiner Wirksamkeit innerhalb der Theosophischen Gesellschaft verfaßte.

Wenn man sich wirklich klarmacht, daß sich erst durch diese zweite Art des denkenden Begreifens für alle Nicht-Eingeweihten und Nicht-Hellsehenden ungeahnte Möglichkeiten eines Sich-Hineinlebens in höhere Wahrheiten auftaten, wird man wohl manches Widerspruchsvolle voll begreifen können, das in den Ausführungen Steiners vor und nach der Jahrhundertwende zu finden ist.

Worum ging es ihm vor der Jahrhundertwende? Um ein Erfassen des realen Geistes im Denken selber. In seinen Schriften aus jener Zeit wurde noch nicht über höhere Welten gesprochen, sondern es wurde immer wieder auf die wunderbare Eigenart des Denkens hingewiesen und auf seine Bedeutung für das Weltverständnis. Dem Leser wurde ans Herz gelegt: Du nimmst die Welt durch deine Sinne wahr. Was du so wahrnimmst, ist nur ein Teil der Wirklichkeit, der an sich unverständlich bleiben müßte. Aber indem du das Denken zu Hilfe nimmst und das Wahrgenommene durch den Inhalt dieses Denkens ergänzt, kannst du erfahren, daß du in deinem eigenen Denken das eigentliche Wesen der Dinge erfassen kannst. Und beide, Wahrnehmung und Denken, lassen geeint für dich die Wahrheit der Dinge entstehen. Nichts anderes brauchst du mehr, um die Welt zu begreifen. Suche darum nichts Jenseitiges neben der Sinneswahrnehmung und dem Denken. – In vielen Variationen bringt Steiner immer von neuem diesen Gedanken als Kernidee seiner Erkenntnistheorie zur Darstellung. So lesen wir:

«Bürger zweier Welten, der Sinnen- und der Gedankenwelt, die eine von unten an ihn herandringend, die andere von oben leuchtend, bemächtigt sich der Mensch der Wissenschaft, durch die er beide in eine ungetrennte Einheit verbindet. Von der einen Seite winkt uns die äußere Form, von der anderen das innere Wesen; wir müssen beide vereinigen.»

«Unsere Arbeit hat gezeigt, daß jede Annahme von

einem Seinsgrunde, der außerhalb der Idee liegt, ein Unding ist. Der gesamte Seinsgrund hat sich in die Welt ausgegossen, er ist in sie aufgegangen. Im Denken zeigt er sich in seiner vollendetsten Form, so wie er an und für sich selbst ist.»

«Die Gestalt von der Wirklichkeit, welche der Mensch in der Wissenschaft entwirft, ist die letzte wahre Gestalt derselben.»[22]

Dasselbe spricht Steiner auch später aus, indem er auf seine damaligen Anschauungen zurückblickt: «Sinnlich wahrnehmend steht der Mensch vor der Welt als einer Illusion. Wenn aber aus seinem Innern zu der sinnlichen Wahrnehmung das sinnlichkeitsfreie Denken nachrückt, dann durchtränkt sich die Illusion mit Wirklichkeit, dann hört sie auf, Illusion zu sein. Dann trifft der in seinem Innern sich erlebende Menschengeist auf den Geist der Welt, der für den Menschen nun nicht *hinter der Sinneswelt verborgen ist, sondern in der Sinneswelt webt und west.*»[23]

«Die Vorbedingungen zum Entstehen des Erkennens sind also *durch* und *für* das Ich. Das letztere gibt sich selbst die Fragen des Erkennens auf. Und zwar entnimmt es sie aus dem in sich vollständig klaren und durchsichtigen Elemente des Denkens. Stellen wir uns Fragen, die wir nicht beantworten können, so kann der Inhalt der Frage nicht in allen seinen Teilen klar und deutlich sein. Nicht die Welt stellt an uns Fragen, sondern wir selbst stellen sie.»[24]

Ich glaube, man kann ohne weiteres nachfühlen,

daß Steiner hier seinen Lesern mit größtem Nachdruck immer wieder dasselbe einschärfen wollte: Stellt euch doch den Geist nicht als etwas dem menschlichen Bewußtsein Unerreichbares, Unzugängliches, geheimnisvoll Nebelhaftes vor. Er ist in keinem fernen, unnahbaren, nur zu erahnenden, überräumlichen und überzeitlichen Reich zu finden, sondern innerhalb der euch bewußten Welt könnt ihr ihn erleben, innerhalb der Welt, die euch durch Sinneswahrnehmung und für die eigene Denktätigkeit gegeben ist, so ihr euch nur über die Natur des Denkens in der richtigen Weise aufklären wollt. Der Geist der Welt kann sich unmittelbar in eurem Denken offenbaren. Im Denken habt ihr Zugang zu den «Dingen an sich».

Nun bestand in jener Zeit allerdings ein Abgrund zwischen der Art, wie Steiner selbst, für sich, die Welt erlebte, und der Art, wie sie seine Leser zu erleben vermochten. Steiner stand seit seinen Kindheitsjahren die übersinnliche Wahrnehmung zur Verfügung; seinem Lebenslauf können wir zum Beispiel entnehmen, daß er in den von uns besprochenen Jahrzehnten konkrete geistige Einblicke in das Tatsachengebiet von Reinkarnation und Karma hatte.[25] Der Ausdruck «Geist der Welt» hatte für ihn also schon damals einen klaren, unvergleichlich reicheren Inhalt, als es der Leser seiner philosophischen Schriften ahnen konnte. Bei der Ausformulierung seiner Anschauungen achtete er schon damals mit großer Sorgfalt darauf, daß *für ihn selber* durch den Wortlaut kein Widerspruch zu seinen geistigen Erfahrungen entstand. Was er in seinen Schriften aussprach, hatte auch für sein Erleben übersinnlicher Daseinsbereiche dieselbe Geltung. So macht er später aufmerksam: «Die Sinneswelt ist in ihrer Erscheinung für das menschliche Anschauen nicht Wirklichkeit. Sie hat ihre Wirklichkeit im Zusammenhange mit dem, was sich im Menschen über sie gedanklich offenbart ... Nicht anders ist es für die geistige Anschauung. Wenn diese durch die Seelenvorgänge auftritt, die ich in meiner späteren Schrift *Wie erlangt man Erkenntnisse der höheren Welten?* beschrieben habe, dann bildet sie wieder die *eine* Seite des – geistigen – Seins; und die entsprechenden Gedanken vom Geistigen bilden die andere Seite.»[26] Was Steiner erkenntnistheoretisch vertrat, galt also sowohl für das Leben in der sinnlich-physischen Wirklichkeit als auch für dasjenige in der geistigen Welt. So konnte es Steiner selbst, für seine Person, auffassen.

Von der Beziehung, die Steiner schon damals zu einer übersinnlichen Welt hatte, konnte sein Leser allerdings keinerlei Kenntnis haben. Er hatte im Sinne der Schriften Steiners das volle Recht vorauszusetzen, daß die seinen eigenen Sinnen zugängliche Welt die einzig wirkliche ist und daß der «Geist» sich im Menschen eben nur in Form von Gedanken über diese sinnliche Welt offenbart. Diesem Leser konnte es deshalb als schockierender Widerspruch zu dem Inhalt der bisherigen Schriften Steiners erscheinen, wenn später in der *Geheimwissenschaft* zu lesen war:

«Alle Geheimwissenschaft muß aus zwei Gedanken hervorkeimen, die in jedem Menschen Wurzel fassen können ... Diese beiden Gedanken sind, daß es hinter der sichtbaren Welt eine unsichtbare, eine *zunächst* für die Sinne und das an diese Sinne gefesselte Denken *verborgene* Welt gibt und daß es dem Menschen durch Entwickelung von Fähigkeiten, die in ihm schlummern, möglich ist, in diese verborgene Welt einzudringen.»

Plötzlich wird auch von Fragen gesprochen, welche die Welt dem Menschen stellt und die er denkend nicht beantworten kann:

«Man kann sich klar darüber werden, daß die Betrachtung der sichtbaren Welt dem Menschen Rätsel vorlegt, die niemals aus den Tatsachen dieser Welt selbst gelöst werden können ... Denn die sichtbaren Tatsachen weisen deutlich durch ihre eigene innere Wesenheit auf eine verborgene Welt hin. Wer solches nicht einsieht, der verschließt sich den Rätseln, die überall deutlich aus den Tatsachen der Sinneswelt hervorspringen. Er *will* gewisse Fragen und Rätsel gar nicht sehen; deshalb glaubt er, daß alle Fragen durch die sinnenfälligen Tatsachen beantwortet werden können.»[27]

Auf einmal also: eine *hinter* der sichtbaren verborgene unsichtbare Welt; eine sichtbare Welt, die dem Menschen Fragen und Rätsel vorlegt, welche aus den Tatsachen dieser Welt nicht gelöst werden können; schlummernde, noch nicht offenbare Fähigkeiten, die entwickelt werden sollen! Kann man sich einen krasseren Kontrast zu den vorhin wiedergegebenen erkenntnistheoretischen Überzeugungen vorstellen? Dennoch wäre es grundfalsch, beide Anschauungen als «unvereinbar» gegeneinander auszuspielen. Es wäre dasselbe, wie wenn man während einer Wanderung an einer bestimmten Stelle die Landschaft, die sich um einen ausbreitet, beschreiben würde, später wiederum halt machte, um die Landschaft zu betrachten, und nun der Einheitlichkeit wegen verlangte, daß beide Landschaftsbilder sich als identisch erweisen. Oder wenn man eine Pflanze beobachten würde, zuerst in ihrem sprossenden, noch blütenlosen Zustand, dann in voller Blüte, und wenn man von der späteren Form verlangte, daß sie zu der früheren nicht in Widerspruch kommen dürfe. Die Identität beider Formen liegt nicht in ihrer Ähnlichkeit, sondern einzig und allein in der sie verbindenden Entwicklung, die darum einheitlich ist, weil sie von dem Verfolgen ihres ursprünglichen Wachstumszieles nicht abschweift.

Die Ausführungen der philosophischen Schriften Steiners und die Ausführungen seiner geisteswissenschaftlichen Werke stammen aus verschiedenen Zeitabschnitten seines Wirkens und versuchen daher, die Aufmerksamkeit ihrer Leser nach verschiedenen Richtungen hinzulenken. Es wäre falsch, daraus zu schließen, Steiner hätte während jener Zeitabschnitte seine innere Stellung zur Welt geändert. Nein: Seine erkenntnistheoretischen Grundsätze können vor seinen späteren Geistesoffenbarungen durchaus bestehen und umgekehrt. Nur hatte er in beiden Epochen Verschiedenes zu verkünden und wandte sich auch – mehr oder weniger – an unterschiedliche Leserkreise.

In der ersten Epoche machte er darauf aufmerksam, daß man auch schon innerhalb der physisch-sinnlichen Welt im Denken das Dasein einer in sich zusammenhängenden Geistwelt erkennen kann. An dieser Erkenntnis änderten seine späteren Schriften nichts. Die Gedankenwelt ist in der Tat ein gültiger Ausdruck der geistigen Welt; und durch Gedankenbilden kann in der Tat die Realität dieser Welt erlebt werden. Nur kann der Begriff «Wirklichkeit» auf verschiedenen Intensitätsstufen gedacht werden, auch er kann im Menschen Entwicklungen durchmachen. Die reinen Gedanken bilden die niederste, schattenhafteste dieser Stufen. Fängt man dann an, höhere Stufen der Wirklichkeit zu ahnen, entstehen Fragen, die zu stellen man früher keinen Grund hatte. *Hinter* (oder *über*) der bisher als Wirklichkeit erlebten Welt kann man jetzt eine höhere Weltwirklichkeit zu suchen beginnen. Wichtig ist dabei, daß diese Weltwirklichkeit zwar zunächst nur geahnt, noch nicht wahrgenommen wird, aber nicht prinzipiell unwahrnehmbar bleiben muß. Mit der Höherentwicklung des Menschen, mit der Entfaltung bisher nur keimhaft in ihm vorhandener Fähigkeiten können für sein Bewußtsein allmählich auch höhere Stufen der Wirklichkeit erlebbar werden, allerdings wiederum so, daß das neu Wahrgenommene erst nach der Ergänzung durch das – nun auch höherentwickelte – Denken für ihn zur vollen Wirklichkeit wird.

So wurde denn Steiner in der zweiten Epoche seiner Wirksamkeit durch sein Lebensschicksal dazu geführt, seinen Mitmenschen Schritt für Schritt das unermeßlich umfangreiche Universum der höheren Geistwirklichkeit zu erschließen, göttlich-geistige Daseinsgebiete, die hoch über der allgemein zugänglichen Weltwirklichkeit stehen, aber doch auch unsichtbar in der sinnlichen Welt schaffend und sie hervorbringend tätig sind; die also für unser jetziges Bewußtsein «hinter», aber doch zugleich auch «in» der sinnlichen Welt zu suchen sind. Jetzt mußte allerdings Steiner von seinen Lesern auch verlangen, daß sie sich mit Hilfe eines verwandelten, höherentwikkelten Denkens mit diesen Mitteilungen auseinandersetzen.

An dieses andere Denken – an dasjenige, das wir als die «zweite Stufe der Umwandlung des Denkens» bezeichneten – wendet sich von jetzt an Steiner in seinen geisteswissenschaftlichen Büchern. *Man kann gewahr werden, wie der Stil seiner Ausführungen nun ein wesentlich anderer wird.* Der Leser erlebt vor allem, daß seine Texte plötzlich – viel «schwerer» zu verstehen sind. Wieso?

Nach wie vor spricht Steiner zunächst mit größter Geduld zu dem intellektualistischen Denken unserer Zeit, das heißt, er spricht so, daß er von bekannten Begriffen ausgeht und bestrebt ist, die intellektuelle Logik nicht allzusehr zu verletzen. Das bildet sozusagen die unterste Ebene seiner Ausführungen. Aber diese Ebene ist nur eine äußere Stütze. In seinen philosophischen Schriften versuchte er, von dieser Ebene ausgehend, den Leser zu der nächsthöheren zu führen, zum «reinen» Denken. Um ihm zu folgen, brauchte man da nichts als ein logisch arbeitendes Denken. Es war keine Veranlassung vorhanden, auch Impulse aus tieferen Seelenschichten in sein Denken einzuschalten. Kraß ausgedrückt: *Die Philosophie der Freiheit* konnte man verstehen, ob man ein gefühlsreicher oder gefühlsarmer Mensch war, ein frommer oder gottloser, ein moralischer oder unmoralischer. Man mußte nur imstande sein, «über sein Denken zu denken», es zum Objekt innerer Anschauung zu machen.

Der Form nach (nicht dem Inhalt nach!) bewegten sich die Ausführungen jener Schriften meistens entlang allgemein üblicher Gedankenbahnen, wodurch das Verstehen wesentlich erleichtert wurde. Der Stil wich kaum merklich vom Stil anderer zeitgenössischer populär-philosophischer Schriften ab. Steiners Redaktionstätigkeit wirkte in ihnen wohl auch noch nach.

Anders ist die Ausdrucksweise in Steiners geisteswissenschaftlichen Werken. Wieder kommt er dem Leser entgegen, indem seine Darstellungen zunächst bis auf die intellektualistische Ebene heruntersteigen. Aber er erwartet nun, daß der Leser, ohne daß in diesen Schriften ausdrücklich von einer Beobachtung des Denkens die Rede wäre, selber die Ebene des «reinen» Denkens erklimmt. Denn das reine, sich selbst wahrnehmende Denken ist immerhin eine Voraussetzung für die Handhabung der zweiten Stufe, für das «michaelische», gefühlsdurchdrungene Denken. Die scheinbare «Schwierigkeit» von Steiners neuem Stil wird durch den Umstand hervorgerufen, daß er jetzt «bewußt anstrebt», den Leser immer wieder auf seine eigenen Gedanken aufmerksam zu machen, damit er sozusagen genötigt ist, sich über seine eigene Gedankenbildung Rechenschaft zu geben. Oft, wenn der Leser versucht, sich entlang der üblichen Gedankenbahnen zu bewegen, wird er plötzlich durch den Text unbarmherzig aus ihnen herausgeworfen und muß sich erneut um ein Verständnis bemühen, indem er nun achtsamer seine Denkbewegung zu verfolgen versucht. Das ständig sich erneuernde Bewußtwerden des eigenen Denkens ist also in diesen Schriften dauernd unauffällig mitenthalten, wobei die Entwicklung eines «sinnlichkeitsfreien Denkens» dadurch erleichtert wird, daß schon die behandelten Inhalte meist nicht-sinnlicher Natur sind.

In der *Geheimwissenschaft* macht Steiner darauf aufmerksam, daß das Mitdenken des Textes den Leser bereits in die geistige Wirklichkeit versetzen kann, daß das Lesen so verlaufen kann – und wohl auch sollte –, daß der Leser in seinem Gedankenbilden den «Strom geistigen Daseins» innerlich miterlebt:

«Man lebt im Lesen von geisteswissenschaftlichen

Erkenntnissen auf andere Art, als in demjenigen der Mitteilungen sinnenfälliger Tatsachen. Liest man Mitteilungen aus der sinnenfälligen Welt, so liest man eben *über* sie. Liest man aber Mitteilungen über übersinnliche Tatsachen im rechten Sinne, so lebt man sich ein in den Strom geistigen Daseins. Im Aufnehmen der Ergebnisse nimmt man zugleich den eigenen Innenweg dazu auf. Es ist richtig, daß dies hier Gemeinte von dem Leser zunächst oft gar nicht bemerkt wird. Man stellt sich den Eintritt in die geistige Welt viel zu ähnlich einem sinnenfälligen Erlebnis vor, und so findet man, daß, was man beim Lesen von dieser Welt erlebt, viel zu gedankenmäßig ist. Aber in dem *wahren* gedankenmäßigen Aufnehmen steht man in dieser Welt schon drinnen und hat sich nur noch klar darüber zu werden, daß man schon unvermerkt erlebt hat, was man vermeinte, bloß als Gedankenmitteilung erhalten zu haben.»[28]

Zu dem «wahren» gedankenmäßigen Aufnehmen gehört allerdings die Aneignung des «michaelischen» Denkens, die Durchwärmung der Gedanken durch entsprechende Gefühle. Dies muß jedoch vom Leser frei, durch «energische Gedankenarbeit» errungen, es darf ihm nicht vom Verfasser suggeriert werden. Darum sind Steiners Darstellungen nach wie vor nüchtern-sachlich, auch wenn es sich um höchste Daseinsbereiche handelt. Trotzdem kann man bei intimem Einleben in den Text gewahr werden, daß diese nüchternen Darstellungen ursprünglich ebenfalls in einem von Ehrfurchtsgefühlen durchdrungenen

Denken urständen. Man beachte zum Beispiel von diesem Gesichtspunkt aus, daß in Steiners neuem Stil über religiöse Vorstellungen, selbst wenn sie als falsch hingestellt werden, nicht mehr von oben herab oder mit brüsker Ablehnung gesprochen wird – wie es immerhin noch in seinen früheren Veröffentlichungen ab und zu der Fall war. Vieles kann man auch aus seinen späteren Zusätzen und stilistischen Korrekturen in Neuauflagen seiner früheren Werke ersehen. Klassisch ist in dieser Hinsicht seine Korrektur am Schluß des ursprünglichen Vorworts zur *Philosophie der Freiheit.* In der ersten Auflage lautete der letzte Satz: «Man muß sich der Idee *als Herr* gegenüberstellen; *sonst* gerät man unter ihre Knechtschaft.» Das klingt schlagend und scheint außerordentlich verständlich zu sein, aber mit einem ehrfurchtsdurchdrungenen Denken ist es nicht vereinbar. So verbessert Steiner 1918: «Man muß sich der Idee *erlebend* gegenüberstellen können; *sonst* gerät man unter ihre Knechtschaft.» Die neue Gegenüberstellung «erlebend» und «Knechtschaft» leuchtet zunächst gar nicht ein. Wieder einmal wird man beim Lesen aus der gewohnten Bahn des Denkens herausgeworfen. Erst bei erneuten Verständnisversuchen entdeckt man, daß in diesem «erlebend» der ganze Sinn des «reinen Denkens», von dem die *Philosophie der Freiheit* handelt, zusammengefaßt ist, das Bewußtwerden des Geistes im eigenen Gedankenbilden. – Man befasse sich mit Steiners Stil bis in alle Einzelheiten, um gewahr zu werden, was ein «michaelisches» Denken ist – ein sinnlichkeitsfreies Denken, von einer Ehrfurchtssonne im Innern durchglüht. –

Schon im ersten Kapitel dieser Ausführungen haben wir die Vorstellung von uns gewiesen, daß ein Mensch, der heute als Eingeweihter zu wirken hat, von Anfang an über einen Plan vom Inhalt seiner irdischen Verkündigung verfüge und dann eigentlich nur die Taktik seiner Mission zu bedenken habe: was früher und was später – in Anbetracht des Reifezustandes der Menschheit – ausgesprochen werden soll. Unsere Ausführungen sollten zeigen, daß der Lebenslauf einer Persönlichkeit wie Rudolf Steiner sich nach wesentlich anderen Gesetzen gestaltet. Wenn wir jetzt aufgrund des Dargestellten versuchen wollen, dasselbe noch etwas konkreter zu charakterisieren, so könnten wir etwa sagen: Ein Eingeweihter wird gewiß mit einem außerordentlichen Geistesreichtum geboren, der zum Teil in seinen vorigen Erdeninkarnationen erworben, zum Teil – und zwar auch nach Maßgabe des Erworbenen – noch durch Gnadengeschenke aus höheren Sphären ergänzt wurde. Er bringt die Fähigkeit bewußten geistigen Schauens und einen überströmenden Quell von Opferkraft mit. Wie jeder Mensch muß er in seinen Jugendjahren seine leiblichen Hüllen erst allmählich zu einem fügsamen Instrument für seine Erdenaufgabe machen. Wie jeder Mensch muß er in den folgenden Jahren danach streben, sich die eigentlichen Impulse seines Ich klarzumachen, und sie auch zu verwirklichen suchen.

Aber dieses Ich spricht zu ihm nicht vornehmlich als eine Art «innerer Stimme», sondern offenbart sich ihm – wie jedem Menschen – vor allem durch die Ereignisse seines Schicksals. Die Größe einer Persönlichkeit wie Rudolf Steiner liegt nicht darin, daß er vom Anfang an «alles weiß und alles kann» und folglich nur in sein Inneres zu greifen braucht, um hervorzuholen, was gerade nötig ist, sondern daß er in einem allerhöchsten Grade die Fähigkeit besitzt, sich bewußt mit seinem Schicksal zu identifizieren, sein höheres Ich aus seinem Schicksal und durch sein Schicksal hindurch in sich einstrahlen zu lassen. Das Schicksal stellt ihn vor Aufgaben, welche in Wahrheit die von seinem wahren Ich gestellten Aufgaben sind. Steiner ergreift diese Aufgaben mit voller Hingabe und mit seiner ganzen Opferkraft.

So sieht er sich durch eine Reihe von äußeren Anlässen – wie es in seinem *Lebensgang* beschrieben wird – vor die Aufgabe gestellt, zunächst in dem Denken, wie es sich in der Neuzeit bis zur völligen Geistentleerung entwickelte, doch die Gegenwart des Geistes aufzudecken. Dazu mußte er das bestehende Denken bereits in eine gänzlich neue Richtung wenden, sozusagen ein neues Flußbett für den Gedankenstrom der Menschheit bereiten. Das konnte begreiflicherweise nicht durch irgendein souveränes Austeilen mitgebrachter Geistesschätze geschehen, sondern nur durch allerhärteste, mühevollste geistige Arbeit, durch «bewußte Abgezogenheit» von allem, was ihn mit der äußeren Wirklichkeit verband. So konnte er den Weg zum Erfassen des Denkens als solchem, zum Erlebnis des «reinen Denkens» weisen.

In ähnlicher Weise sieht er sich später, indem er durch sein Schicksal – das heißt durch sein Ich – zum Geisteslehrer bestellt wurde, mit der neuen Aufgabe konfrontiert, die Denkfähigkeit für konkrete geistige Tatsachen zu öffnen. Jetzt ging es darum, die zarten Keime moralischen Denkerlebens, die bereits auf der Stufe des sinnlichkeitsfreien Denkens aufleuchten, konsequent weiterzuentwickeln. Um die Überfülle des moralischen Gehalts der geistigen Sphären dem im Äußerlich-Sinnlichen verhafteten Menschen begreiflich zu machen, mußte die Möglichkeit herbeigeführt werden, diesen moralischen Gehalt durch seelische Spiegelung mittels ehrfurchtsdurchdrungener Gedanken wenigstens zum Teil bewußt festzuhalten. Wieder war es nötig, eine gänzlich neue Art der Gedankenbildung zu inaugurieren. Steiner eignet sich zunächst selber diese neue Art an und entwickelt aus ihr auch seine neue Ausdrucksweise, wie wir ihr in seinen geisteswissenschaftlichen Schriften begegnen. Das nahm wiederum Jahre von Arbeit in Anspruch – was eigentlich nicht viel ist, wenn man bedenkt, daß wir, die wir seine Schüler sein möchten, ein ganzes Menschenleben benötigen, um wenigstens einen kleinen Teil unseres Denkens in der geschilderten Weise umzuformen! So wurde eine zweite neue Denkstufe der Menschheit zugänglich gemacht.

Wenn man innerlich nachzuvollziehen versucht,

wie im Verlauf jener Jahre Steiner mit unerhörter Energie einen Schritt nach dem anderen aus seinem höheren Ich vollzieht – kann man da noch auf den Gedanken verfallen, ihm Inkonsequenz oder gar weltanschauliche Unbeständigkeit vorzuwerfen? Ein neuer Weg der Gedankenbildung wurde damals für die ganze Menschheit gebahnt und zugleich ein Beispiel unerhörter Hingabe an das Schicksal vor die ganze Menschheit hingestellt.

Was durch ihn um die Jahrhundertwende vollbracht wurde, hat jedoch seine eigentlichen Wurzeln in einer viel früheren Zeitepoche, in einer tausendjährigen Vergangenheit. In seinen Karma-Vorträgen[29] spricht er über die Auseinandersetzung, die im 9. Jahrhundert in der übersinnlichen Welt zwischen Individualitäten stattfand, die zum Teil aristotelische Impulse in einer durchchristeten Weise weiterführten, zum anderen Teil sie in einer arabistisch-monotheistischen Verfestigung belassen wollten. Aus den Entschlüssen, die während dieser Auseinandersetzung gefaßt wurden, folgte, daß die geistige Entwicklung der Neuzeit ihre Prägung zunächst durch die letzterwähnte Strömung erhalten mußte. So entwickelte sich das geistentfremdete Kopfdenken. Erst mit dem Anbruch der neuen Michael-Herrschaft gegen Ende des 19. Jahrhunderts war die Möglichkeit gegeben, daß auch die christlich-aristotelische Strömung, deren Repräsentant vor allem Steiner selber ist, wieder zu Worte kommt. Die Aufgabe dieser Strömung besteht nun darin, sich des Erbes des bisherigen Denkens anzunehmen, es zu durchchristen und dadurch geistwärts zu wenden. So vollführte Steiner um die Jahrhundertwende, wozu er sich schon vor einem Jahrtausend mitentschlossen hatte. Sein höheres Ich brachte ihm durch die Ereignisfolge seines Schicksals diese Aufgabe neu in Erinnerung.

## 5.
## DIE DRITTE STUFE: LIEBE

Der Michael-Impuls äußert sich innerhalb der Denktätigkeit durch die Beteiligung von Gefühlsimpulsen an der Gedankenbildung. Freilich nicht in dem Sinne, daß das Denken durch subjektive, selbstbezogene Gefühlsregungen, durch Gefühlswellen, die «von selber» auftauchen und neben dem Denken einhergehen, durch persönliche Sympathie oder Erkenntnisfreude beeinflußt oder sogar vergewaltigt werden sollte. Im Gegenteil: Staunen, Bewunderung, Ehrfurcht dem zu Erkennenden gegenüber, die sich als notwendige Mitbedingungen zu seinem Verständnis durch das Erkenntnisbemühen einstellen, sind Gefühle, die das Erkennen durch keinerlei subjektive Elemente trüben, sondern es zu einer reineren, aufnahmefähigeren Schale für das Wesen der Wirklichkeit umformen. Die auf diese Weise mit Gefühlsbeteiligung geformten Gedanken haben die naturgegebene Möglichkeit, tiefer in das menschliche Innere zurückzuwirken als die schattenhaften Kopfgedanken: Indem sich das Seeleninnere am Bilden der Gedanken beteiligt, wird es auch selber wieder von diesen Gedanken unmittelbar durchdrungen und geläutert. Die Sphäre des Gefühlslebens wird für Augenblicke aus ihrer gewohnten Subjektivität herausgehoben und kann bei geduldig wiederholter Übung immer deutlicher von der Objektivität der Gedanken beeinflußt werden. Indem die Gefühle veredelnd auf das Denken wirken, kann das Denken seinerseits veredelnd, die Selbstbezogenheit der Gefühle überwindend, auf diese wirken.

Wir haben schon daran erinnert, daß die Gefühlssphäre innerhalb der verschiedenen Seelenäußerungen nicht deutlich begrenzt werden kann. Ihre Wellen können sich aus ihrem Traumbereich dem Bereich des klar bewußten Denkens nähern, aber sie reichen andererseits bis in die fast oder gänzlich unterbewußten Tiefen des Willenslebens hinab. Vom Ernst und von der Intensität des spirituellen Bemühens hängt es ab, wie weit sich die Wechselbeziehung zwischen Gefühl und Denken bis hinunter zu den Quellgründen moralischer Lebensgestaltung, der Liebesimpulse, des Opfermutes und weiterer Keimkräfte sittlichen Handelns ausdehnen kann, so daß sich dadurch auch der Wille an der Sinnerfassung und der Bildung des Gedankeninhalts beteiligt. Eine solche Einbeziehung des Willens kann dann als *dritte Stufe der Geist-Annäherung des Denkens* bezeichnet werden. Auf dieser Stufe ist wirklich der «ganze Mensch» im Denken mittätig. Was ändert sich dadurch im Denken? Wie verläuft dieser neue Schritt, und wie wird er innerlich erlebt?

Wir betreten ein Gebiet, wo es immer schwieriger wird, sich mit Worten zu verständigen. Aber vielleicht können wir uns die betreffende Entwicklung vergleichsweise, mit Hilfe eines anderen Erfahrungsgebietes verdeutlichen. In Goethes *Farbenlehre* findet sich das herrliche Kapitel über die «Sinnlich-sittliche Wirkung der Farbe». Da zeigt Goethe, daß Farben, wenn sie der Mensch auf sein Seelisches wirken läßt, auf gesetzmäßige Art in ihm bestimmte Gefühle auslösen – Gefühle, die nicht etwa Ausdruck des subjektiven Verhältnisses des Menschen zu einer bestimmten Farbe sind, sondern, im Gegenteil, das Wesen dieser Farbe in ihm auf neue, verinnerlichte Art aussprechen. Wie die Sinnesempfindung ein objektives äußeres Bild der Farbe liefert, kann man auf diese Weise auch ein objektives seelisches Bild dieser Farbe empfangen. Bei entsprechender seelischer Offenheit regt jede Farbe die Seele zu einer anderen Stimmung, zu einer anderen Gefühlsantwort an. So kann sich auch der Gefühlsbereich an einer objektiven Auseinandersetzung des Menschen mit der Farbe mitbeteiligen. Die Gefühle werden zu Erkenntnisorganen.

In diesem Sinne stellt Goethe fest, daß das Gelbe «eine heitere, muntere, sanft reizende Eigenschaft» besitzt und daß es «einen durchaus warmen und behaglichen Eindruck mache». Und er belegt es unter anderem durch den Versuch, bei dem «man durch ein gelbes Glas, besonders in grauen Wintertagen, eine Landschaft ansieht». Ähnlich befaßt er sich auch mit den übrigen Farben des Spektrums.

Wir versuchen nun, Goethes Versuch in einer bestimmten Richtung fortzuführen. Wenn man das gelbe Glas wieder beiseite legt und die Welt in ihren natürlichen Farben sieht, wenn man dadurch wieder ganz anderen Empfindungen ausgesetzt ist, dann zerrinnt das geschilderte Gefühlserlebnis gleich wieder. Unter Umständen könnte aber auch etwas anderes eintreten. Man kann mit einiger Übung das rasch vorübergehende Gefühlserlebnis verstärken, es immer deutlicher werden lassen, so daß man es noch kurz festhalten kann, auch wenn man nichts Gelbes mehr sieht. Und dann braucht man die Übung nur noch weiter fortzusetzen, sich mit dem Gelb-Erlebnis noch intensiver zu durchdringen, um die Möglichkeit herbeizuführen, daß man das entsprechende Gefühl ganz bewußt länger festhalten kann, daß man der Welt ganz mit dieser Stimmung erfüllt entgegentreten kann, daß man sie bis in die eigenen Worte und das eigene Tun einfließen läßt. Man hat sich in diesem Fall mit dem Gelb-Erlebnis innerlich ganz identifiziert, die Gelb-Stimmung wurde wenigstens für eine gewisse Zeit zu unserer persönlichen Lebensstimmung und kann aus unserem Innern bis in unser äußeres Verhalten ausstrahlen.

Wenn wir nun – statt mit der gelben – etwas Ähnliches zum Beispiel mit der roten Farbe versuchen würden, würden wir zuerst erleben, wie sich «das angenehme, heitre Gefühl, das uns das Rotgelbe noch gewährt, bis zum unerträglich Gewaltsamen steigert»; und wenn wir uns dann mit diesem Rot-

Eindruck innerlich ganz erfüllen würden, würden wir der Welt als reine Choleriker entgegentreten können. Die Farbe würde bis in unsere Temperamentsäußerungen hineinwirken.

In beiden Fällen hätte sich das an die Farbe anknüpfende Gefühl bis in unsere Willensäußerungen hinein geltend gemacht, so daß auch unser Wille in das verinnerlichte Farberlebnis einbezogen wäre. Eigentlich sollte man erst in diesem Falle von einer «sittlichen» Wirkung der Farbe sprechen, weil erst jetzt das ursprünglich zarte Gefühlserlebnis uns so durchdrungen hätte, daß es uns bis in unsere moralischen Äußerungen, bis in unser Handeln zu beeinflussen imstande wäre. – Wir könnten uns auf diese Weise ein ganzes Spektrum farbbedingter innerer Einstellungen ausmalen, die wir – jeweils mit einer Erinnerung an die betreffende Farbe – in uns erwekken und vollbewußt handhaben und mit denen wir in immer neuen seelischen Metamorphosen durch die Welt gehen könnten.

Um nun von der Farbwahrnehmung zur Gedankenbildung zurückzukehren: Wir charakterisierten die Teilnahme des Herzens am Denken dadurch, daß wir zunächst von einem allgemeinen Gefühl der Ehrfurcht ausgingen, das die Gedankenbildung durchziehen sollte. Die Gedanken wurden durch diese Gefühls-Durchwärmung aus Erkenntnis-Usurpatoren zu bittenden Erkenntnisschalen, die dem Erkenntnisinhalt demutvoll entgegengehalten wurden, um ihn dankbar tief in sich aufzunehmen. Wir sprachen davon, daß der Erkenntnisinhalt selber dabei die in der Denkaktivität tätigen Ehrfurchtsgefühle mannigfach differenziert. In unserem Vergleich würde dieser Prozeß dem Entstehen verschiedener objektiver Gefühle bei verschiedenen Farbwahrnehmungen entsprechen. Wie dort jede Farbe ein charakteristisches Gefühlserlebnis hervorrief, so färben hier verschiedene Erkenntnisinhalte in verschiedener Weise die ihnen entgegengehaltenen Ehrfurchtsschalen. Man entwickelt ein differenziertes Gefühlsverhältnis zu der Vielfalt der Erkenntnisse. Jeder Begriff, jeder Satz, jeder Abschnitt einer geisteswissenschaftlichen Schrift sollte – bei konzentrierter, energischer, bewußter Gedankenarbeit – in einem differenzierten Gefühlsverhältnis sein Echo, seine charakteristische Antwort finden – wobei wiederum eben dieses Gefühlsverhältnis durch seine Mitbeteiligung erst ein wirklichkeitsdurchleuchtetes Erfassen eines geistigen Tatbestandes ermöglicht. Wir bezeichneten diese Stufe als die zweite Stufe der Spiritualisierung des Denkens.

Wir sprachen aber auch schon davon, daß in den Begriffen immer auch Keime eines moralischen Inhalts enthalten sind. Durch das Gefühlsecho der zweiten Stufe begann dieser moralische Inhalt schon eine eindringlichere Existenz zu führen. Man verspürte die eigentümliche Verwandtschaft der Wesen und Wesensbereiche mit den Tiefen des eigenen Innenlebens. Damit sich jedoch die verborgenen moralischen Keime zu größerer, greifbarer Deutlichkeit im eigenen Innern entfalten können, muß man dazu gelangen, ihnen nicht nur die Mannigfaltigkeit der Ehrfurchtsgefühle entgegenzuhalten, sondern auch die eigenen moralischen Fähigkeiten, die dem Erkenntnisgegenstand entsprechenden Willensregungen: Man muß also Moralität durch Moralität aufzufangen und innerlich zu spiegeln versuchen.

Praktisch heißt das, sich einem womöglich sinnlichkeitsfreien Gedankeninhalt, dem Sinn eines Gedankens, so konzentriert, so intensiv hinzugeben, wie man dessen nur fähig ist: liebevoll in ihn hineinzuhorchen, sich eins mit ihm zu fühlen. Indem man auf diese Weise anfängt, auch willensmäßig am Denken beteiligt zu sein, öffnet sich gleichsam im Herzen ein Wahrnehmungsorgan für den sonst verhüllten moralischen Gehalt der Gedanken.

In jeder Erkenntnis – sofern man sie nicht gewohnheitsmäßig in das abstrakte Gebiet abschiebt, sondern bereit ist, sie sich erlebend klarzumachen – liegt ein immanenter moralischer Impuls verborgen. Um ein einfachstes, vielleicht etwas primitives Beispiel anzuführen: Man nehme den Begriff der «Gravitation» und versuche, ihn mit der angedeuteten inneren Hingabe denkend-fühlend zu durchdringen; man wird die Anziehungskraft des Stoffes als eine Art «unerbittliches An-sich-Reißen» erleben. So erfaßt, beginnt der Inhalt des Begriffs auch schon eine Beziehung zu dem Reich moralischer Bewertungen zu haben. Man wird sofort wissen: Ließe man diesen so erlebten Inhalt in sein eigenes Leben und Tun einfließen, würde er als unlöschbare, drachenhafte Gier erscheinen. Der anscheinend trocken-physikalische Begriff gewinnt plötzlich eine Affinität zu dem, was man sonst als Unmoralität, ja als Unterliegen den Widersachermächten der menschlichen Evolution kennt. – Oder man vertiefe sich in den Begriff «Löwenzahn». Man kann innerlich nachvollziehen, wie der Löwenzahn zuerst eine Blätterrosette nach allen Richtungen ausstreckt, wie er in seinem Stengel sich geradeaus nach oben reckt und sich schließlich in der Blüte der Sonne zuwendet, wobei die Blüte selber schon ein Abbild der Sonne ist. Scheint die Sonne nicht, verschließt sich die Blüte in sich selber, sie ist nicht bereit, andere Einflüsse als diejenigen der Sonne auf sich wirken zu lassen. Aber in den zusammengefalteten Blüten bilden sich Samen, die das Leben des Löwenzahns in die Zukunft tragen werden. Ein lebendiger Zusammenklang, die lebendige Einheit all dieser Einzelheiten: das ist das Wesen des Löwenzahns, wie es durch das Denken erfaßt werden kann. Aber all das, was wir hier durch äußere Merkmale ausdrückten, kann sich in uns, in intensiv-hingebendem Denken, als sinnlich-sittliche Impulse spiegeln: Streben nach Allseitigkeit, geradliniges Höherstreben, Sehnsucht nach durchlässiger eigener Offenheit für die Lebenskräfte des Lichts, Sehnsucht, ein Abbild dieses lebenspendenden Lichtes zu werden, Reifenlassen von Früchten für die Zukunft in innerer Abgeschlossenheit. Das alles ist zunächst symbolisch ausgedrückt. Es handelt sich darum, es als äußerlich nicht darstellbaren, aber richtungweisenden Impuls in sich zu erwecken.

So etwa werden, durch Mitbeteiligung des Willens an der Bildung der Gedanken, diese vertieft: vertieft im Sinne einer Erfassung ihrer moralischen Substanz. Sie werden nicht nur als *geistig-real,* sondern, mit sich steigernder Deutlichkeit, als *lebendig-wesenhaft,* als charaktervoll erlebt.

Vergegenwärtigen wir uns noch einmal die Stationen des Übungsweges, der bis zu dieser Stufe geführt hat. Das Denken mußte lernen, sich selber gegenüberzustehen. Es mußte zur ehrfurchtsvollen Schale für das Aufnehmen übersinnlicher Inhalte werden. Zuletzt mußte es Resonanz in den eigenen Willensgründen finden. Immer mehr wurde es aus einem «Nachdenken» zu einem «meditativen Denken», auf das jetzt auch immer konkreter die Worte bezogen werden können, in denen Steiner auf einzigartige Weise beschreibt, was mit dem Menschen vorgeht, wenn er meditiert:

«Er ist zunächst ganz in eine Gedankenwelt versenkt. Er muß für diese stille Gedankentätigkeit ein *lebendiges Gefühl* entwickeln. Er muß *lieben* lernen, was ihm der Geist da zuströmt. Bald hört er dann auch auf, diese Gedankenwelt als etwas zu empfinden, was unwirklicher sei als die Dinge des Alltags, die ihn umgeben. Er fängt an, mit seinen Gedanken umzugehen wie mit den Dingen im Raume. Und dann naht für ihn auch der Augenblick, in dem er das, was sich ihm in der Stille innerer Gedankenarbeit offenbart, als viel höher, wirklicher zu fühlen beginnt als die Dinge im Raume. Er erfährt, daß sich *Leben* in dieser Gedankenwelt ausspricht. Er sieht ein, daß sich in Gedanken nicht bloße Schattenbilder ausleben, sondern daß durch sie verborgene *Wesenheiten* zu ihm sprechen. Es fängt an, aus der Stille heraus zu ihm zu sprechen ...»[30]

«Ein lebendiges Gefühl entwickeln», «lieben lernen» – erkennen wir darin die zwei Wegetappen unserer Gedankenentwicklung wieder? Was hier für die Meditation geschildert wird, sollte – wenngleich in etwas bescheidenerer, gedämpfter Weise – auch auf dem hier dargestellten Weg einer esoterischen Gedankenpflege zum Erlebnis werden. Wir schilderten ja, wie man schon auf der ersten Stufe dieses Weges die *Wirklichkeit* der Gedankenwelt entdecken kann. Dadurch, daß man sich dem eigenen Denken als Beobachter gegenüberstellt, entwickelt man auch – zunächst fast unmerklich, später immer bewußter – die Fähigkeit, «mit seinen Gedanken umzugehen wie mit den Dingen im Raume». Wir schilderten ferner, wie man sich auf der zweiten Stufe durch Einbeziehen der Gefühle die lebendige Wandelbarkeit und Beweglichkeit der Gedankeninhalte aneignen kann; hier fängt man an, das *Leben* in der Gedankenwelt zu entdecken. Und schließlich sahen wir, daß auf der dritten Stufe die Wirklichkeit der Gedanken immer deutlicher als *lebendig-wesenhaft* erlebt werden kann; immer mehr nähert man sich dem Erlebnis, daß man durch den

Sinn der im Denken erfaßten Tatbestände die unhörbare *Sprache verborgener Wesenheiten* vernimmt. Alle diese Erfahrungen kann das «meditative Denken» vermitteln. Welches dabei der Unterschied zwischen diesen Erlebnissen und denjenigen bei der eigentlichen Meditation ist, davon wird noch im Kapitel über die «vierte Stufe» die Rede sein. –

Kehren wir noch einmal zum Vergleich mit der «sinnlich-sittlichen Wirkung der Farbe» zurück. Die dritte Stufe der Spiritualisierung des Denkens würde dem erwähnten gänzlichen inneren Eintauchen in eine Farbstimmung entsprechen, bis zu dem Grade, daß man sie als eigene moralische Kraft erleben kann. Der Einsatz der sonst nur im Verborgenen schlummernden Willenskräfte ist in beiden Fällen ähnlich. In beiden Fällen bedeutet er eine Steigerung des ursprünglichen Gefühlserlebnisses. Aber andererseits besteht auch ein überaus charakteristischer Unterschied.

In Anknüpfung an die «Farbenlehre» erwogen wir die Möglichkeit, daß man sich mit dem Gefühlseindruck einer Farbe so intensiv verbindet, daß er für eine Zeitlang die Seele ganz ausfüllt, zur eigenen Stimmung wird, mit der man sich dann durch das Leben bewegt. Nun wäre es – wenigstens theoretisch – denkbar, daß etwas Ähnliches auch mit den sittlichen Intuitionen der Gedankeninhalte eintreten könnte, das heißt, daß man die geistige Geste, die man in einer bestimmten Gedankenintuition erlebt, mit seinem Ich so intensiv aufgreift, daß sie mit dem eigenen Charakter verschmilzt, zu seinem Bestandteil wird. So würde man zum Beispiel, wenn man mit seinem ganzen inneren Menschen in den Begriff «Gravitation» eintaucht, dann selber durch dieses Eintauchen mit einer maßlosen egoistischen Gier begabt werden. Vielleicht wäre das an sich denkbar, aber es verläuft in Wirklichkeit nicht in dieser Weise, denn man ist durch den ganzen Verlauf seiner bisherigen Denkschulung dagegen gefeit. Man entwickelt ja bei der Arbeit an seinem Denken Impulse, die ein Aufkommen von selbstsüchtigen Regungen während der denkenden Betrachtung gänzlich ausschließen. Schon während der ersten Stufe der inneren Arbeit am Denken entwickelt man Kräfte aktiver, reiner Hingabe an Gedankeninhalte, Kräfte, die sonst, bei der gewöhnlichen Handhabung des Denkens, überhaupt nicht erscheinen. Diese Hingabekräfte steigern sich in der zweiten Stufe und offenbaren sich in der dritten vollends als reine Liebeskräfte. Man strahlt in der Tat während der denkenden Betrachtung Liebe aus. Mit unmoralischen, selbstsüchtigen Willensregungen könnte man die tieferen Geheimnisse der Gedankenwelt niemals entschleiern. Nur aus einer Verbindung der stärksten moralischen Kräfte, die man aufbringen kann, mit den Denkinhalten wird die Wahrnehmungsfähigkeit für deren moralische Gesten geboren. Man wird zwar im Wahrnehmen dieser Gesten mit ihnen zeitweilig «eins», aber man wird von ihnen deswegen nicht, auch nicht für Augenblicke, besessen, man bleibt ihnen gegenüber auch innerhalb dieses Erlebens *frei.* Man erschließt sich zwar die moralische Substanz der Gedanken, aber dann entscheidet man immer in Freiheit, wie man sich innerlich zu ihr stellen soll. Ob man also aus einer solchen Erkenntnis eine bestimmte Handlung entspringen läßt oder ob man sich bemüht, den moralischen Gehalt eines Gedankens – zum Beispiel des Strebens des Löwenzahns nach dem Licht – auf die eigenen Seelentiefen einwirken zu lassen und ihn als Seelenimpuls mit sich zu vereinen, oder ob man nur in Gedankenruhe zur Kenntnis nimmt, was man an moralischer Gedankensubstanz erfaßt hat – das bleibt jeweils der freien Entscheidung des Denkenden vorbehalten.

Die Auffassung, die der Mensch von der Welt hat, erfährt auf dieser Stufe eine tiefgreifende Wandlung. Auf der Ebene des gewöhnlichen Denkens erscheint dem Menschen die Außenwelt moralisch indifferent, nur durch moralisch gleichgültige Naturgesetze beherrscht, während sittliche Werte als Menschenwerk, als eine künstliche Errungenschaft betrachtet werden und nur für das Menschenleben Bedeutung und Geltung zu haben scheinen. Auf der dritten Stufe der Denkvertiefung merkt man durch das Einströmen der Liebe in das Bemühen um Weltverständnis immer deutlicher, daß das Gedankengewebe, das ja die Welt für uns erst zu einer Wirklichkeit macht, durch und durch von Moralität durchsetzt ist, so daß auch die sichtbare Welt überall Moralität in sich birgt. Die Sinneswelt wird immer mehr zu einer auch moralischen. Wo immer wir hinblicken, scheint die Welt moralische Anregungen vor uns hinzustellen, das heißt, wir fühlen uns von ihr angesprochen und fühlen, daß etwas von uns erwartet wird. Wir können nicht mehr mit einem Bewußtsein, daß wir unbemerkte Fremdlinge sind, durch die Welt gehen, als wären wir von ihr abgeschnitten, mit der Empfindung, daß wir für die Welt gleichgültige, mit ihr nicht zusammenhängende Wesen sind und daß wir deshalb das Recht haben, ihr ebenfalls kein Interesse entgegenzubringen. Man könnte sogar sagen: Wir werden jetzt von der Welt fortwährend attackiert, von überall her tönt es zu uns herüber: Was wirst du jetzt als dieser bestimmte Mensch tun? Aber aus dieser allgegenwärtigen Frage fließen uns zugleich auch moralische Inspirationen zu, die von unserer moralischen Phantasie aufgegriffen und in Taten umgewandelt werden können.

So kann man jetzt – und wahrscheinlich überhaupt erst jetzt – in voller Konkretheit erleben, was in der *Philosophie der Freiheit* geschildert und psychologisch begründet wird: die Geburt des freien Handelns aus dem reinen Denken, die Umsetzung reinster Erkenntnis in reinste Moralität. Aus der Liebe zum objektiven Wesen der Welt, wie es sich im Denken offenbart, kann das freie, wahrhaft sittliche Tun entspringen.

Indem sich der Mensch immer wieder mit dem moralischen Gehalt der Gedanken auseinandersetzt, arbeitet er somit auch an der stufenweisen Entfaltung seiner Anlagen zur freien Sittlichkeit. Die Welt offenbart ihm überall ihren moralischen Gehalt, und er wird immer mehr zu einem reinen Spiegel dieses Gehalts, zum Mikrokosmos, zum menschlichen Ausdruck der Weltenoffenbarung, in einem neuen, tiefen Sinn.

Das ist auch dasjenige, was Michael vom Menschen erwartet: «Indem sich der Mensch als freies Wesen in Michaels Nähe fühlt, ist er auf dem Wege, die Kraft der Intellektualität in seinen ‹ganzen Menschen› zu tragen; er denkt zwar mit dem Kopfe, aber das Herz fühlt des Denkens Hell und Dunkel; der Wille strahlt des Menschen Wesen aus, indem er die Gedanken als Absichten in sich strömen hat. Der Mensch wird immer mehr Mensch, indem er Ausdruck der Welt wird; er findet sich, indem er sich nicht *sucht,* sondern in Liebe sich wollend der Welt verbindet.»

«Wer sich an Michael hält, der pfleget im Verhältnis zur Außenwelt der Liebe, und er findet dadurch *das* Verhältnis zur Innenwelt seiner Seele, das ihn mit Christus zusammenführt.»[31]

Die Liebe, von der hier gesprochen wird, entfaltet sich, wohlgemerkt, wenn der Mensch «die Gedanken als Absichten in sich strömen hat», wenn er dadurch «Ausdruck der Welt wird». Das ist die gänzlich neue Ebene des Christentums, die erst im Michael-Zeitalter zugänglich wurde – das michaelische Christentum, die neue Gottessohnschaft, das Handeln aus dem Gottesgrund der Seele.

Durch die äußere Geistverhüllung, durch die Welt

toter, sittlich ausdrucksloser Naturgesetze hindurch kann man also die Gegenwart einer von Sittlichkeit durchwobenen Ideenwelt erleben. Diese Ideenwelt ist nicht mehr abgeschnitten von der Sinneswelt, nicht jenseits der Sinneswelt, sondern sie stellt die wahre Wirklichkeit auch dieser Sinneswelt dar. Die Sinneswelt des gewöhnlichen Welterlebens ist nur der letzte, erstorbene Abglanz dieser Wirklichkeit. Man fühlt, daß man die ersten Schritte aus einer geistberaubten, toten Welt in eine Welt der Auferstehung im Geiste getan hat. In dieser Welt gibt es kein Diesseits und kein Jenseits mehr, nur eine einzige Welt der *allumfassenden geistig-moralischen Realität,* die sich aus der unfaßbaren Feuertiefe der Gottesliebe, vor der menschliche Gedanken in Ohnmacht sinken müssen, bis zu der wesenlosen Oberflächenwelt, die das gewöhnliche Bewußtsein als Sinneswelt kennt, erstreckt. Man weiß jetzt: Die Sinneswelt ist nicht nur geistdruchdrungen im Sinne eines moralisch-gleichgültigen Begriffsnetzes, sondern sie ist durchzogen von wesenhafter Moralität. Das Moralische wird als objektiver Weltinhalt erlebt.

Dadurch hat man jetzt wieder auf einer ganz neuen Stufe Zugang zu der grundlegenden Anschauung, die in der *Philosophie der Freiheit* und den früheren Schriften Steiners erkenntnistheoretisch begründet wird: Es gibt nicht zwei Welten, eine materielle und eine geistige, sondern nur eine einheitliche, all-eine Welt, deren geistigen Grundgehalt wir durch das Denken erschließen; aber in dieser einheitlichen Welt ist auch der ganze Kosmos der Moralität tatsächlich mit enthalten. Zu ihm hat unser gewöhnliches Denken keinen Zutritt; deshalb werden die moralischen Impulse zunächst ausschließlich in das menschliche Innere verlegt. Auf der dritten Denkstufe wird aber nicht nur die Wahrheit, sondern auch die Moralität als objektiver Weltinhalt entdeckt. Dadurch wird die Welt für den Menschen erst zur wahren Einheit.

Sobald wir die Überzeugung von der Einheit alles Seins ernstnehmen, lösen sich endgültig bis in den Wortlaut hinein alle Widersprüche der von uns behandelten Art zwischen den voranthroposophischen und den anthroposophischen Äußerungen Steiners. Hier wie dort betont er die Einheit und Einheitlichkeit der Welt. Der Mensch lebt zwar, wenn er denkt, auch weiterhin in der Sinneswelt, «die geistige Wesenheit der Dinge aber spiegelt sich in seiner Gedankenwelt; und er selbst ist als denkendes Geistwesen Bürger des Geisterlandes und Genosse alles dessen, was in diesem Gebiete der Welt lebt».[32] Wir können jetzt hinzufügen: auch Genosse der Welten-Moralität, der alles durchwärmenden Gottesliebe.

Durch sein Wirken versuchte Steiner immer neue Schichten eben dieser moralisch-geistigen Wirklichkeit dem Denken zugänglich zu machen, immer aber im Sinne einer einzigen, all-einen Welt.

Wenn bei dem Sich-Einleben in die Geisterkenntnis die geistig-moralischen Wirklichkeitsgebiete zunächst «hinter» der sinnlichen Welt verborgen zu sein scheinen, ist es immer nur ein begreifliches Ausgangsempfinden, das einer wirklichen Erkenntnis vorangeht. Werden sie durch geistige Wahrnehmung erschlossen, ergibt sich ihr mannigfacher Zusammenhang mit der sinnlichen Welt; aber er ergibt sich auch für ein willensgetragenes Denken:

«Wie ein Stück Eis, das auf dem Wasser schwimmt, Stoff ist des umgebenden Wassers, aber sich durch gewisse Eigenschaften von diesem abhebt, so sind die Sinnendinge Stoff der sie umgebenden Seelen- und Geisterwelt; und sie heben sich von diesen durch gewisse Eigenschaften ab, die sie sinnlich wahrnehmbar machen. Sie sind – halb bildlich gesprochen – verdichtete Geist- und Seelengebilde; und die Verdichtung bewirkt, daß die Sinne sich von ihnen Kenntnis verschaffen können. Ja, wie das Eis nur eine Form ist, in der das Wasser existiert, so sind die Sinnendinge nur eine Form, in der die Seelen- und Geistwesen existieren. Hat man das begriffen, so faßt man auch, daß, wie das Wasser in Eis, so die Geist- in die Seelenwelt und diese in die Sinnenwelt übergehen können ... Nur weil die Dinge der Sinnenwelt nichts anderes sind als die verdichteten Geistwesenheiten, kann der Mensch, der sich durch seine Gedanken zu diesen Geistwesenheiten erhebt, in seinem Denken die Dinge verstehen.»[33]

Gerade weil Steiner seit seiner Kindheit die geistige mit der sinnlichen Welt miterlebte – wobei deren Verbindung ihm auch nicht von vornherein klar war, auch er mußte sich zu der Einheitsanschauung hart durchringen –, bekämpfte er so vehement alle Formen von Dualismus, jede Lehre, die von einem jenseitigen, der menschlichen Erkenntnis prinzipiell unzugänglichen Seinsbereich sprach.

So schrieb er im Jahre 1897: «Das Christentum findet den Quell alles Geistigen, also auch der Begriffe und Ideen in Gott. Es hat den Glauben an etwas nötig, das nicht von dieser Welt ist. Ein gesundes menschliches Denken hält sich aber an diese Welt. Es kümmert sich um keine andere.»[34] Leicht ist man versucht, in einem solchen Ausspruch den Hauptakzent auf das Wort «Gott» zu setzen. Für Steiner lag aber der Hauptakzent auf dem «etwas, das nicht von dieser Welt ist». Man versteht eben Gott nicht, wenn man ihn in ein Jenseits versetzt; die Gottesliebe ist auch in allen Bereichen der Sinneswelt zu finden.

Aus Steiners Sicht kann man dann diesem Ausspruch einen späteren entgegenhalten, ohne einen Widerspruch zu empfinden. Im Jahre 1918 sprach Steiner über das Verhältnis des Menschen zu dem Vatergott, also zu der vor allem im Physischen wirksamen und sich offenbarenden Gottheit. Er sagte: «Da zeigt uns die Geisteswissenschaft, daß in jedem solchen Falle, wo der Mensch ableugnet den Vatergott, also ein Göttliches überhaupt in der Welt, jenes Göttliche, das zum Beispiel auch in der israelitischen Religion anerkannt wird, ein wirklicher, echter physischer Defekt, eine physische Erkrankung, ein physischer Mangel im Menschenleibe stattfindet. Atheist sein, heißt für den Geisteswissenschafter in irgendeiner Beziehung krank sein.»[35]

In beiden Fällen wollte Steiner eigentlich dasselbe aussprechen: daß eine gesunde Einstellung der Welt gegenüber ihre geistig-physische Einheit empfindet. Es ist allerdings heute so, daß die meisten Menschen sich zu dem Gefühl einer Einheit von Materie und Geist erst allmählich durcharbeiten müssen. Solange man im intellektuellen Denken befangen bleibt, hat man keinen greifbaren Zugang dazu, ist man in Steiners Sinn eben krank. Auch noch auf der Stufe des philosophischen «reinen» Denkens wird man eine solche Einheit womöglich zwar annehmen, aber kaum zu einer natürlichen Lebensempfindung erheben können. Erst auf der Stufe des «moralischen Weltbetrachtens» wird man mit dem Einheitsbewußtsein wirklich leben können, eben dadurch, daß die sinnliche Welt selber anfängt, von Moralität durchleuchtet, das heißt vom Geist durchleuchtet zu erscheinen. Jetzt erst wird der Gegensatz von Materie und Geist für uns aufgehoben. Er wird ausgelöscht durch das erwähnte Erlebnis einer geistigen Auferstehung der Welt aus der bisherigen todbedingten Wesenlosigkeit. Aus dem ganzen Werk Rudolf Steiners kann man diese Auferstehungsklänge heraushören. In diesem Sinne ist die Anthroposophie die große Aufforderung an die Menschheit, in das Auferstehungsreich, in die geistdurchleuchtete Welt einzutreten.

Daß die von Liebe durchdrungene Erkenntnis der Schlüssel ist, der das Tor zu diesem Reich öffnet, sprach Steiner im Jahre 1923 besonders deutlich aus:

«Ohne die Erkenntnis mit Liebe zu durchdringen, kann man sich nicht die Erkenntnis, welche durch Anthroposophie gegeben wird, aneignen, sonst bleibt sie eben etwas, was ganz gleichwertig ist mit anderem ... Aber es geht nicht, wenn nicht dasselbe Gefühl, dieselbe Empfindung, derselbe Seelenstatus, die in der Liebe leben, mit der Erkenntnis mitgehen. Und durchdringt man also seine Erkenntnis mit dem Erlebnis der Liebe, dann dringt diese Erkenntnis heran an das Mysterium von Golgatha. Und dann haben wir nicht nur die an sich ganz berechtigte naive Hinneigung zu dem Christus – wie gesagt, ganz berechtigt ist ja diese naive Hinneigung –, sondern wir haben dann auch eine Erkenntnis, die sich ausbreitet über den ganzen Kosmos und die sich vertiefen kann zu der Erfassung des Mysteriums von Golgatha. Mit anderen Worten: Das Leben in dem Heiligen Geiste führt zum Leben in dem Christus, oder vor den Christus, vor den Sohn Gottes hin.»[36]

Immer wieder sei es betont: Der Weg vom gewohnten intellektuellen Denken in das Auferstehungsreich des Liebe-durchströmten, «durchchristeten» Denkens ist ein langwieriger und anspruchsvoller. Anspruchsvoll vor allem deswegen, weil unser tagwaches Gegenstandsbewußtsein fortdauernd von jenem anerzogenen Nur-Kopf-Denken durchsetzt ist. Wir nehmen Gegenstände wahr – Stühle, Schränke, Fenster, Häuser, Bäume –, aber wir nehmen sie nur deshalb als Gegenstände wahr, weil unser Denken gewohnt ist, die jeweils nötigen Wahrnehmungen aus dem allgemeinen Wahrnehmungsgewirr herauszulösen und sie zu Gegenständen zusammenzufassen. Und wir verlangen vom Denken auch nichts anderes, als daß es eine Gegenstandswelt vor uns hinzaubert, die wir als Außenwelt klar von unserem eigenen Wesen unterscheiden können. So ist unser Alltagsbewußtsein in jedem wachbewußten Augenblick ein Produkt unseres Intellekts. Unser Ich sichert sich durch diese ständig und meist unbemerkt verlaufende Denktätigkeit einen inneren Abstand von den Dingen, die Möglichkeit einer Orientierung in der es umgebenden Welt und daneben ein waches Verhältnis zur Umgebung. Die Zeitspannen, wo wir – etwa beim Studium geisteswissenschaftlicher Bücher – unser Denken mit Vorsatz «in die Hand nehmen» und es mit Impulsen aus tieferen Seelenregionen ausstatten, bilden verhältnismäßig seltene Feieraugenblicke im Tagesablauf, nur vereinzelte Oasen inmitten einer ausgedörrten Sandwüste, und sie verlangen von uns jedesmal einen bewußten Willenseinsatz. Aber es sind eben diejenigen Augenblicke, wo wir in eine neue Art christlichen Welterfahrens einsteigen können. Und auch wenn sie zunächst vereinzelt sind, kann doch im Laufe der Zeit das, was in den Denk-Feieraugenblicken errungen wird, auch in unsere übrigen Tageszeiten durchsickern, so daß auch da das Herz immer deutlicher im Denken mitsprechen kann.

In seinem Vortrag über «Die Ätherisation des Blutes» schildert Rudolf Steiner, wie im gewöhnlichen, vom Intellekt beherrschten Tagesbewußtsein fortwährend ätherische Lichtstrahlungen vom Herzen zum Kopf gehen. Nachts, im Schlafe, wo unsere Tageserlebnisse mit Hilfe der geistigen Welt in moralische Impulse umgewandelt werden, zeigen sich andere, anders verlaufende Lichtströmungen, die von außen, aus dem Makrokosmos, durch die Kopfgegend in Richtung nach dem Herzen zu einstrahlen. Diese makrokosmische Strömung – die also die Verwandlung von Erkenntnissen in moralische Impulse bezeichnet – kann der Mensch unter gewöhnlichen Umständen nicht bewußt beeinflussen, es sei denn, so führt Steiner aus, daß er «allmählich das, was vom Herzen zum Gehirn strömt, so befeuert, daß es der Anthroposophie Verständnis entgegenbringt». Anders gesagt: Das Ich, das im Blute lebt und sich, um zu denken, der Ätherkräfte und des physischen Gehirns bedienen muß, das heißt die ätherische Strömung vom Herzen zum Kopf, kann moralisch inspirierende Kräfte auch in sein Alltagsbewußtsein einführen, wenn es im Ringen um ein Verständnis der Anthroposophie sein Denken durch Gefühls- und Willenskräfte befeuert. Was tritt nämlich im Sinne dieser Schilderung damit ein?

Rudolf Steiner sagt darüber: «Der Mensch wacht während des Tages in bezug auf seinen Intellekt, während des Schlafes wacht er in bezug auf seinen Willen. Weil er aber dann schläft in bezug auf seinen Intellekt, wird er sich dessen nicht bewußt, was er mit dem Willen unternimmt … Was in uns ist, kann uns in der Intellektualität eine Spanne weiter führen, beim Schritt des moralisch Besserwerdens müssen uns Götter zu Hilfe kommen. Deshalb versinken wir in Schlaf, damit wir untertauchen können in den göttlichen Willen, wo wir nicht dabei sind mit dem machtlosen Intellekt und wo göttliche Kräfte das, was wir als moralische Grundsätze aufnehmen, umwandeln in die Kraft des Willens, wo sie hineinimpfen in unseren Willen dasjenige, was wir sonst nur in unsere Gedanken aufnehmen können …

Wenn der Mensch heute im Wachzustand vor uns steht und das hellseherische Auge betrachtet ihn, so zeigt sich, daß fortwährend vom Herzen nach dem Kopfe gewisse Lichtstrahlen gehen … Wie Lichtstrahlen geht es vom Herzen nach dem Kopfe herauf und umströmt die Zirbeldrüse. Diese Strömungen entstehen dadurch, daß das menschliche Blut, das eine physische Substanz, ein Stoff ist, sich fortwährend auflöst in ätherische Substanz, so daß in der Gegend des Herzens ein fortwährender Übergang des Blutes in ätherische Substanz stattfindet, und diese strömt nach dem Kopfe herauf … Jetzt ist es aber anders am schlafenden Menschen. Da ist es so, daß, wenn wir hier die Gehirn-, hier die Herzgegend hätten, so würde für den okkulten Beobachter eine fortwährende Strömung von außen herein, auch von rückwärts herein zum Herzen wahrnehmbar sein …

In der Tat ist es so, daß sich in hohem Grade die moralischen Qualitäten zeigen in der eigenartigen Färbung dessen, was beim Schlafen in ihn einströmt …

Wie unser Blut als Äther vom Herzen nach oben strömt, so lebt im Erdenäther seit dem Mysterium von Golgatha das ätherisierte Blut des Christus Jesus. Der Ätherleib der Erde ist durchsetzt von dem, was aus dem Blute geworden ist, das auf Golgatha geflossen ist ... So aber ist seit dem Mysterium von Golgatha eine fortwährende Möglichkeit vorhanden, daß in diesen Strömungen von unten nach oben die Wirkung des ätherischen Blutes des Christus mitströmt ... Es trifft zusammen die eigentliche menschliche Blutströmung und die Blutströmung des Christus Jesus. Aber eine Verbindung dieser beiden Strömungen kommt nur zustande, wenn der Mensch das richtige Verständnis entgegenbringt dem, was im Christus-Impuls enthalten ist.»

Steiner führt aus, daß dieses Verständnis heute in einer anderen Art errungen wird als früher:

«Für unsere heutige Zeit ist es wichtig, daß der Mensch einsehen lernt, daß er die geisteswissenschaftliche Erkenntnis aufnehmen muß und allmählich das, was vom Herzen zum Gehirn strömt, so befeuert, daß es der Anthroposophie Verständnis entgegenbringt.»

Nun spricht Steiner über die neue Nähe des Christus, der als ätherische Gestalt in der Menschheit wirksam wird. Und er fährt fort:

«Dasjenige, was durch diesen Fortschritt der Menschheit bewirkt wird, ist, daß die zwei Pole, die ich vorhin erwähnt habe, der intellektuelle und der moralische Pol, immer mehr eins werden, zu einer Einheit verschmelzen.»[37]

Als Wirkung des im Ätherischen gegenwärtigen Christus wird diese Verbindung des Moralischen mit dem Erkenntnismäßigen geschildert. Christus verbindet die makrokosmische moralische Strömung mit der intellektuellen ätherischen Strömung im Menschen, wenn diese Strömung spirituell befeuert wird. Anders gesagt: Auf der dritten Denkstufe machen wir unsere eigene ätherische Denkströmung geeignet, sich mit der Christus-Strömung zu vereinigen. Erkenntnis und Tugend bilden nicht mehr zwei voneinander getrennte Gebiete der Seelenaktivität. Sie fließen zusammen. Als Möglichkeit ist diese Verbindung schon in der *Philosophie der Freiheit* dargestellt und philosophisch begründet. Diese Möglichkeit kann jedoch immer konkretere Formen annehmen. In der Schilderung der zweiten und dritten Stufe der Spiritualisierung des Denkens versuchten wir zu zeigen, wie die Annäherung zwischen Erkenntnis und Moralität immer weiter geführt werden kann, als einer der Wege zu einer realen Geistgemeinschaft und Mitarbeit mit dem ätherisch unter der Menschheit wandelnden Christus.

So werden wir, indem wir auf dem Wege, dessen Anfang und Richtung durch die *Philosophie der Freiheit* bestimmt wird, mit Einsatz immer tieferer Seelenkräfte weiterwandeln, erstens in die Sphäre Michaels geführt – in die Sphäre der durch Liebe zurückverwandelten und zu Michael zurückströmenden kosmischen Intelligenz –, zweitens in die

Sphäre des Christus, die sich als lebendig goldener Hintergrund hinter der Sphäre Michaels auftut, das heißt in die Sphäre des Geist und Materie, Erkenntnis und Moralität versöhnenden Auferstehungsreiches.

Dieses Erleben setzt mit der Imprägnierung des Denkens mit Willens-, mit moralischen Impulsen ein, also mit der dritten Stufe des hier beschriebenen Weges. Aber um nicht der Gefahr eines wiederum nur abstrakten Schematismus zu unterliegen, sollten wir hinzufügen, daß der Übergang von der zweiten zur dritten Stufe nicht mehr so einschneidend ist wie der von der ersten zur zweiten, sondern fast unmerklich, fließend ist. Wir sprachen ja davon, wie undeutlich die Grenze zwischen dem Gefühlsleben und den zur Tat drängenden Willenskräften ist. Je stärker im äußeren Leben ein Gefühlserlebnis ist, desto stärker wird es durch sich selber die Tendenz haben, auch zu bestimmten Handlungen oder wenigstens bestimmten Lebenshaltungen anzuregen, weil eben durch ein solches verstärktes Gefühlserlebnis zugleich schon der Wille mitbeeinflußt wird. Das gilt aber nicht nur für subjektiv-persönliche Emotionen, sondern auch für jene andere Art von Gefühlen, die auf dem Denk-Wege erarbeitet werden, die also aus einer bewußten Hingabe an eine objektive Ideen-Wirklichkeit entspringen.

Wir versuchen uns zum Beispiel den Begriff eines Engels zu bilden. Soll er nicht im Schattenreich der Abstraktion verbleiben, müssen wir – aus dem Bewußtsein heraus, daß es sich um ein über uns stehendes Wesen handelt – in die Bildung des Begriffs unser Ehrfurchtsgefühl einbauen. Aber schon in diesem aktiven Bemühen um ein Verständnis von etwas, das höher ist als wir, werden ja auch Ehrfurcht-verwandte Willenskräfte in uns wachgerufen. Und wenn wir dann die Bemühungen fortsetzen und zu erzielen versuchen, daß die Vorstellung des Engels noch deutlicher, konkreter wird, können wir wohl nur durch Zuhilfenahme unseres moralischen Potentials zum Ziel gelangen. Wir können uns zum Beispiel in den Gedanken vertiefen, daß der Engel keine persönlichen Absichten verwirklichen will, sondern nur diejenigen der über ihm stehenden und durch ihn wirkenden Wesen und eben deshalb auch mit allen Kräften dazu beitragen will, daß wir selber als Menschen in unserem Leben die gottgewollten Absichten unseres ewigen, höheren Ich zur Geltung bringen. Einen solchen Gedanken können wir nur dadurch konkret fassen, daß wir, ihn denkend, zugleich den Impuls in uns beleben, selber für diese gottgewollten Absichten durchlässig zu sein, bereit zu sein, sie in unser Erdenleben einfließen zu lassen, also auch – im selben Sinne wie der Engel – dem Göttlichen zu dienen.

Auf diese Weise werden wir beim Erarbeiten geisteswissenschaftlicher Erkenntnisse durch die dort geschilderten Tatsachen selber nicht nur zu einer Einbeziehung des Gefühls, sondern auch des Willens geführt. Soll es nicht eine Phrase bleiben, daß wir uns «mit ganzem Herzen» der Anthroposophie zuwenden, dann werden wir an einer solchen fortgesetzten Wandlung der Gedankenbildung arbeiten müssen.

Da nun im Zentrum der Anthroposophie das Geheimnis des Menschen, seines wahren Wesens, seines Ursprungs und seiner Ziele steht, sollte allmählich durch den Zusammenfluß aller geisteswissenschaftlichen Erkenntnisse das Bewußtsein entwickelt werden, daß der Begriff «Mensch» etwas ist, zu dem wir uns erst wieder emporarbeiten müssen. Dieser scheinbar so banale, so oft mißbrauchte Begriff sollte schrittweise in seiner eigentlichen Heiligkeit, in seiner Weltentiefe und Ewigkeitsverankerung neu entdeckt und erfaßt werden. Alle Schauungen, die von der Anthroposophie vermittelt werden, sollten für uns schließlich darin gipfeln, daß ein neues Menschenbild vor uns aufzutauchen beginnt, dem wir uns wieder mit Geistes-Ehrfurcht und Geistes-Liebe nahen können. Auch die Statue des «Menschheits-Repräsentanten» im Goetheanum ist ein Mahnbild zu einer vergeistigten Menschenauffassung; es ruft auf zur Bildung des Bewußtseins, daß im höheren Selbst jedes Menschen nicht nur die Erinnerung an seinen göttlichen Ursprung, nicht nur das Schauen einer gottgewollten Zukunft, sondern auch die lebendige Gegenwart des Auferstandenen zu finden ist, im Kampfe mit den Widersachermächten. Der Blick auf die Menschen, auf die Mitmenschen, auf die Menschheit harrt seiner Auferstehung in einer stufenweise immer mehr durchchristeten Erkenntnis. In erschütternden Worten drückte es Rudolf Steiner im

Jahre 1923, bald nach dem Brand des ersten Goetheanums, aus:

«Ideen werden in der Anthroposophie nicht so gestaltet, wie seit drei, vier, fünf Jahrhunderten auf dem Erkenntnisgebiete sonst Ideen gestaltet werden; Worte werden in ihr nicht so geprägt, wie heute auf anderen Gebieten Worte geprägt werden. Ideen sind für Anthroposophie die aus Liebe gezimmerten Gefäße, in welche hereingeholt wird aus geistigen Welten auf geistige Art das menschliche Wesen. Von liebevoll geprägten Gedanken umhüllt soll leuchten durch Anthroposophie das Licht wahren Menschentums. Und Erkenntnis ist nur die Form, wie durch den Menschen die Möglichkeit gegeben werden soll, daß der wahre Geist aus Weltenweiten in menschliche Herzen sich sammle, damit er von Menschenherzen aus die menschlichen Gedanken durchleuchten könne. Und weil wirklich Anthroposophie nur von der Liebe erfaßt werden kann, deshalb ist sie liebeschaffend, wenn sie in ihrer wahren Art von Menschen ergriffen wird ... Und Worte, sie werden auf anthroposophischem Gebiet nicht so geprägt, wie sonst in der Gegenwart Worte geprägt werden, Worte werden geprägt, indem sie alle eigentlich Bitten sind. Jedes Wort in der Anthroposophie ist im Grunde genommen, wenn es in richtigem Sinne gesprochen wird, eine Bitte, eine andächtige Bitte: die Bitte, daß der Geist zu den Menschen herabkommen möge.»[38]

# 6. ZWISCHENBETRACHTUNG: ÜBER DAS «LEBENDIGE» DENKEN

Sehr oft machte Steiner auf die Wichtigkeit «lebendiger Begriffe», eines «lebendigen Denkens» aufmerksam – im Gegensatz zum allgemein verbreiteten unlebendigen, toten, abstrakten Denken. Hinweise auf ein «lebendiges Denken» findet man sehr oft auch in der anthroposophischen Literatur seit Steiners Zeit bis heute. Meistens meint man zunächst, wenn man die Worte liest, daß man sie auch versteht. Versteht man sie wirklich?

Was stellt man sich unter «lebendigem Denken» vor? Etwa ein Denken, das Logik mit Phantasieeinfällen kombiniert? Oder ein Denken, das von farbenreichen Vorstellungsbildern begleitet wird? Oder ein Denken, das sich nicht streng an einen logischen Faden hält, sondern jederzeit bereit ist, von ihm abzuweichen? Ein Denken, das insofern beweglich ist, als es in verschiedenste Erkenntnisbereiche einzudringen und sie für die erstrebten Schlußfolgerungen fruchtbar zu machen versucht? Oder ein Denken, das von heftigen Gefühlsaufwallungen begleitet wird? Oder schreibt man vielleicht jedem Denken, das sich mit anthroposophischen Ideen beschäftigt, automatisch «Lebendigkeit» zu?

Keine der aufgezählten Denkmanieren wäre für die Pflege der Anthroposophie besonders nützlich. Und genau betrachtet, haben sie auch mit wirklicher «Lebendigkeit» des Denkens nichts zu tun.

Als Steiner 1919 die Einführungsvorträge für die angehenden Lehrer der ersten Waldorfschule hielt, sprach er etwas ausführlicher darüber, was er mit dem Ausdruck «lebendige Begriffe» meint. Es geschah im Rahmen eines längeren Exkurses über Logik – über Begriffe, Urteile und Schlüsse. Er sagte:

«Impfen Sie dem Kinde im neunten, zehnten Jahre Begriffe ein, die dazu bestimmt sind, daß sie der Mensch im dreißigsten, vierzigsten Jahre noch ebenso hat, dann impfen Sie ihm Begriffsleichname ein, denn der Begriff lebt dann nicht mit dem Menschen mit, wenn dieser sich entwickelt. Sie müssen dem Kinde solche Begriffe beibringen, die sich im Laufe des weiteren Lebens des Kindes umwandeln können. Der Erzieher muß darauf bedacht sein, solche Begriffe dem Kinde zu übermitteln, welche der Mensch dann im späteren Leben nicht mehr so hat, wie er sie einmal bekommen hat, sondern die sich selbst umwandeln im späteren Leben. Wenn Sie das machen, dann impfen Sie dem Kinde lebendige Begriffe ein. Und wann impfen Sie ihm tote Begriffe ein? Wenn Sie dem Kinde fortwährend Definitionen geben, wenn Sie sagen: Ein Löwe ist ... – und so weiter und das auswendig lernen lassen, dann impfen Sie ihm tote Begriffe ein; dann rechnen Sie damit, daß das Kind, wenn es dreißig Jahre ist, noch ganz genau so die Begriffe hat, wie Sie sie ihm einmal beigebracht haben ... Was müssen Sie also tun? Wir sollten im Unterricht nicht definieren, wir sollten versuchen zu charakterisieren. Wir charakterisieren, wenn wir die Dinge unter möglichst viele Gesichtspunkte stellen. – Wenn wir einfach in der Naturgeschichte dem Kinde das beibringen, was zum Beispiel in den heutigen Naturgeschichten von den Tieren steht, so definieren wir ihm eigentlich nur das Tier. Wir müssen versuchen, in allen Gliedern des Unterrichtes das Tier von anderen Seiten aus zu charakterisieren, zum Beispiel von der Seite, wie die Menschen allmählich dazu gekommen sind, dieses Tier kennenzulernen, sich seiner Arbeit zu bedienen, und so weiter ... Dann sind diese Beziehungen so vielgliedrig, daß nicht eine Definition herauskommt, sondern eine Charakteristik. Ein richtiger Unterricht arbeitet daher von vornherein nicht auf die Definition hin, sondern auf die Charakteristik.»[39]

Diesen Sätzen können wir erstens entnehmen, daß die Lebendigkeit der Begriffe sich dadurch äußern sollte, daß die Begriffe sich mit dem Heranreifen des jungen Menschen auch selber weiterentwickeln können. Zweitens, daß man zu solchen lebendigen Begriffen gelangen kann, wenn man die Dinge von verschiedenen Gesichtspunkten aus zu betrachten versucht. Wie hängt dieses Begreifenwollen von verschiedenen Gesichtspunkten aus mit einer «Lebendigkeit» der Begriffe zusammen?

Erinnern wir uns daran, daß die Gedanken Schattenbilder der geistigen Urbilder unserer Welt im «Geisterland» sind und (man vergegenwärtige sich das Zitat auf Seite 43f.), daß diese Urbilder sich in ständig wechselnden Formen offenbaren, daß sie mit anderen Urbildern in einer mehr oder weniger verwandtschaftlichen Beziehung stehen und sich ständig mit anderen Urbildern verbinden, damit dies oder jenes in der seelischen oder physischen Welt entsteht. Dieser nach allen Seiten verzweigte Zusammenhang der Urbilder im «Geisterland» kann an seinem Niederschlag, den zahllosen gegenseitigen Beziehungen der Begriffe, wie wir sie kennen, verfolgt werden. Mit wievielen Begriffen ist zum Beispiel der Begriff einer Rose verknüpft! Zunächst mit den Begriffen: Wurzel, Stengel, Dorn, Blatt, Knospe, Blüte, Frucht. Dann mit den Begriffen verschiedener Farben. Mit den Begriffen verschiedener Formen. Mit den Begriffen: hart, weich. Mit den Begriffen des Wachsens und Absterbens, auch der Pflege, des Begießens. Mit den Begriffen: Erde, Wasser, Luft, Licht, Wärme, Wind, Regen, Schatten, Sonnenschein. Mit den Begriffen: Mensch, Schmetterling, Biene, Blattlaus. Mit den Begriffen: Duft, Öl, Tautropfen, Schönheit, Liebe. Mit den Begriffen verwandter oder weniger verwandter Pflanzen. Und wenn man konsequent vorginge, würde man schließlich Zusammenhänge verschiedenster Art, positiv oder negativ, mit allen anderen nur denkbaren Begriffen entdekken. Je mehr von diesen Beziehungen wir in unser

Denken aufnehmen, desto vollkommener werden auch die Voraussetzungen dafür sein, daß unser Denken über die Rose zu einem Abbild des flutend bewegten Lebens der Urbilder wird, daß es also nicht nur einzelne, voneinander getrennte Schattenbilder der Urbilderwelt auffängt, sondern immer deutlicher zu einem Spiegelbild, ja sogar zu einem Träger ihres Lebens werden kann.

Natürlich kann man von jedem beliebigen Tatbestand auch Gedankenaufnahmen von den verschiedensten Seiten verfertigen, ohne daß dadurch in der Gedankenbildung auch nur die leiseste Andeutung von «Leben» zu bemerken wäre. Man kann unzählige Einzelheiten von einer Sache wissen, ohne daß ihr Begriff dadurch im geringsten aus seiner Starre erlöst wird, denn alle Einzelerkenntnisse können ja an sich auch wieder tot, vertrocknet, wandlungsunfähig sein. Wodurch erreicht man, daß man im Denken das farben- und formenreiche Leben der Geistwelt doch wenigstens entfernt nachbilden kann?

Hier muß allerdings ein Unterschied zwischen Kindern und Erwachsenen berücksichtigt werden. Kinder haben es in dieser Beziehung leichter, sie haben meistens noch nicht die Tendenz, Begriffe abstrakt aufzunehmen – sofern ihnen diese Tendenz nicht schon durch einen abstrakten Unterricht angezüchtet wurde –, sie leben noch vorwiegend in Gefühlen und schöpferischer Phantasie. Sind die Begriffe im Bewußtsein des Lehrers als lebendig-bewegliche Begriffe anwesend, werden sie auch als solche von den Kindern übernommen und bewahren dann im Gewoge des kindlichen Gefühls- und Phantasiestroms weiterhin ihre Lebendigkeit. Hier hängt es also nur vom Lehrer ab, ob die Kinder in lebendigen Begriffen denken können.

Bei einem Erwachsenen ist innerhalb der heutigen Zivilisation die Fähigkeit der Abstraktion schon dermaßen selbstverständlich, daß er sich die Begriffe kaum anders als in abstrakter Form aneignen kann. Auch wenn er verschiedene Aspekte der Dinge kennenlernt oder wenn er die Begriffe, um sie nicht scharf umrissen zu haben, ungenau und zum Teil undurchschaut übernimmt, bleiben diese in seinem Bewußtsein schemenhaft, verkrustet, leblos. Einzelerkenntnisse, die sich ergänzen sollten, fügen sich nicht zu einem sinnvollen und organischen Ganzen zusammen, sondern bleiben in seinem Bewußtsein in einem nichtssagenden Nebeneinander haften.

Kein anderes Mittel gibt es dagegen, als aus dem traditionellen Gedankenstrom auszusteigen und den Weg der Umbildung des Denkens zu betreten. Wir wissen bereits, wie das erlösende Zauberwort lautet, das die Gedanken aus ihrer tödlichen Verwünschung befreit: das Wort «Ehrfurcht». In der Durchdringung der Gedankentätigkeit mit Gefühlsimpulsen werden die trennenden Grenzen zwischen Begriffen oder auch zwischen ganzen Gedanken aufgehoben; die Begriffe öffnen sich gegenseitig, um nach allen Seiten Verbindungen eingehen zu können, sie werden bildsam und beweglich. Werden dann Dinge von verschiedenen Seiten betrachtet, kann Begriff mit Begriff immer neu zusammenfließen, und das von Gefühlen durchsetzte Gedankenleben kann das wogend-schaffende Leben der Urbilder im «Geisterland» spiegeln. Die zitierte Forderung Steiners kann somit auf der zweiten Stufe der hier geschilderten Denkvertiefung erfüllt werden.

Nun muß aber der Ausdruck «lebendiges Denken» nicht unbedingt nur die eine, aus dem Steinerschen Zitat abzuleitende Bedeutung haben, auch bei Steiner nicht. Man kann auch auf anderen Stufen des Gedankenweges Möglichkeiten einer Belebung der Gedanken entdecken. Eine erste solche Möglichkeit bietet sich schon auf der ersten Stufe, das heißt auf der Ebene des reinen, sinnlichkeitsfreien Denkens. Rufen wir uns noch einmal das Hauptergebnis, zu dem Steiner in seinen erkenntnistheoretischen Schriften gekommen ist, ins Gedächtnis. Er zeigte dort, wie man durch aufmerksame Beobachtung der Denktätigkeit zu der Überzeugung gelangen kann, daß sich im Denken «das Wesen der Dinge» offenbart; darum wird auch die Welt durch Hinzufügung von Begriffen zur Wahrnehmung für uns verständlich. Eben dieser Hauptgedanke soll jetzt noch etwas genauer ins Auge gefaßt werden. Denn wir wissen ja, daß nicht jeder Gedanke ein wirkliches Begreifen der Dinge zur Folge hat. Es gibt unzählige Gedanken, die an der Wirklichkeit vorbeigehen oder nicht ganz an sie heranreichen. Um etwas wirklich zu begreifen, muß man der in Frage stehenden Wahrnehmung jeweils die richtige, ihr entsprechende Intuition entgegenbringen. Das ist oft schwer und muß nicht immer und vor allem nicht gleich gelingen. Jahrhunderte hat es gebraucht, bis die grundlegenden Naturgesetze für die anorganische Natur entdeckt, geklärt, bis in alle Einzelheiten ausgearbeitet waren. Erst durch die Gedankenarbeit vieler Forschergenerationen kann man heute die physischen Vorgänge in der Sinneswelt verstehen und sie auch aufgrund dieses Verstehens gezielt hervorrufen und zu menschlichen Zwecken ausnützen.

Dasselbe gilt aber noch keineswegs von den Gesetzen des Lebens. Und hier stehen wir plötzlich vor der unerbittlichen Forderung «lebendiger Begriffe», weil andere Begriffe eben kein adäquates Mittel zum Verständnis des Lebens abgeben. Man kann durch sie höchstens die tote Oberfläche des Lebens abspüren, nicht das Leben selbst. Darum steht man auch in der Biologie und Medizin im Grunde genommen unwissend vor den Rätseln der Lebensprozesse. Man versucht zwar, das Leben unter seine Gewalt zu zwingen – denken wir nur an die Züchtung neuer Pflanzen- und Tierarten, an Beschleunigung oder Verzögerung des Geburtsaugenblickes, an Hirntod- und Euthanasie-Diskussionen oder an den unheimlichen Bereich der Genmanipulationen. Aber das alles bleibt ein blind-verbissenes Hantieren mit Vorgängen, in die man doch keinerlei wirkliche Einsicht hat, Hantieren nach Zauberlehrlingsart. Hartnäckig sucht man das Leben immer von neuem durch physikalische Zusammenhänge und chemische Reaktionen zu begreifen, immer wieder umsonst, und sieht dauernd an dem «offenbaren Geheimnis» des Lebens vorbei, auf das Biologen dieses Jahrhunderts doch schon mehrere Male hinzudeuten versuchten und das lange vor ihnen Goethe in seiner Metamorphosenlehre schon bahnbrechend dem Denken zugänglich gemacht hat.

Worin besteht dieses Wesentliche des Lebens? Vor allem in seiner Verknüpfung mit dem Zeitverlauf. Eine Pflanze, die ich vor mir sehe, ist nicht die ganze, nicht die eigentliche Pflanze. Sie erscheint dann als Ganzes, wenn ich den ganzen Kreislauf ihrer Entwicklung betrachte, den ganzen Strom ihrer Wandlungen aus dem Samen über den Keim, den Sproß, die Blüte und die Frucht wieder zurück zum Samen. Sie ist nicht eine räumliche, sondern eine zeitliche Ganzheit, ein zeitlicher Organismus. Allerdings nicht nur das. Um die sich wandelnde Gestalt einer Pflanze verstehen zu können, muß man auch in Betracht ziehen, daß ihre Entwicklung dauernd durch Einflüsse von Boden, Feuchtigkeit, Luft, Wärme, Licht – und durch kosmische Einflüsse – bestimmt wird. Die Pflanze kann ihre Gestalt nur in einem fortlaufenden Dialog mit der Umwelt verwirklichen. Ändern sich diese Einflüsse, ändert sich auch die Gestalt.

Damit sind wir am Ausgangspunkt der Goetheschen Pflanzenbetrachtung angelangt. Das waren die Voraussetzungen, aus denen Goethe seine Idee der «Urpflanze» entwickelt hat, die Idee einer allgemeinen Gesetzmäßigkeit des Pflanzenwuchses, die sich in allen Pflanzen verfolgen läßt. Während diese Urgesetzmäßigkeit immer dieselbe bleibt, kann die Mannigfaltigkeit der Arten auf verschiedene lang andauernde Umweltwirkungen zurückgeführt werden. Jede konkrete Pflanzengestalt läßt sich im Sinne Goethes aus der Urpflanzenform ableiten und kann durch diese Ableitung in ihrer individuellen, in der Zeit sich verwirklichenden Erscheinungsform begriffen werden. Ein solches allgemeines Bild des Organismus – für die Pflanzen also die «Urpflanze» – wird von Goethe als «Typus» bezeichnet. Der Typus umfaßt immer unzählige Möglichkeiten individuell voneinander abweichender Erscheinungsformen; als äußerlich unsichtbares Urgesetz kann er die verschiedensten sichtbaren Gestalten bilden.

Nun ist der Typus nicht sinnlicher, sondern ideeller Natur, er ist eine Idee. Will man durch ihn die Welt der Organismen begreifen, muß man mit ihm auf andere Weise umgehen als mit Begriffen, die sich auf die leblose Welt beziehen. Gerade er ist es, der zu einem «lebendigen Begriff» werden muß. In welchem Sinn? Geben wir zunächst Steiner das Wort:

«Der Typus spielt in der organischen Welt dieselbe Rolle wie das Naturgesetz in der unorganischen. Wie dieses uns die Möglichkeit an die Hand gibt, jedes einzelne Geschehen als das Glied eines großen Ganzen zu erkennen, so setzt uns der Typus in die Lage, den einzelnen Organismus als eine besondere Form der Urgestalt anzusehen.»

«Was Haeckel oder andere Naturalisten als Urform ansehen, ist schon eine besondere Gestalt; ist eben die einfachste Gestalt des Typus. Daß er zeitlich zuerst in einfachster Form auftritt, bedingt nicht, daß die zeitlich-folgenden Formen sich als Folge der zeitlich vorangehenden ergeben. *Alle* Formen ergeben sich als *Folge des Typus,* die erste wie die letzte sind Erscheinungen desselben. Ihn müssen wir einer wahren Organik zugrunde legen und nicht einfach die einzelnen Tier- und Pflanzenarten *aus*einander ableiten wollen. Wie ein roter Faden zieht sich der Typus durch alle Entwicklungsstufen der organischen Welt. Wir müssen ihn festhalten und dann *mit ihm* dieses große, verschiedengestaltige Reich durchwandern. Dann wird es uns verständlich. Sonst zerfällt es uns wie die ganze übrige Erfahrungswelt in eine zusammenhanglose Menge von Einzelheiten.»

«Das Naturgesetz spricht den Zusammenhang der in der Sinnenwelt getrennten Tatsachen aus; es bleibt aber als solches gegenüber der einzelnen Erscheinung bestehen. Beim Typus müssen wir aus der Urform jenen besonderen Fall, der uns vorliegt, *heraus entwickeln.* Wir dürfen den Typus der einzelnen Gestalt nicht gegenüberstellen, um zu sehen, wie er die letztere regelt; wir müssen sie aus demselben *hervorgehen* lassen. Das Gesetz beherrscht die Erscheinung als ein über ihr stehendes; der Typus fließt in das einzelne Lebewesen ein; er identifiziert sich mit ihm.»

«Wie wir im Unorganischen eine Erscheinung auf

ein Gesetz zurückführen, so *entwickeln* wir hier eine Spezialform aus der Urform.»[40]

Was folgt daraus für unsere Fragestellung? Ist in Steiners Ausführungen auch das Geheimnis der Bildung lebendiger Begriffe mitenthalten? Wir haben darauf hingewiesen, daß man, wenn man das Wesentliche eines lebendigen Organismus erfassen will, das Bild seiner Entwicklung, sein stufenweises Immer-Anderswerden ins Bewußtsein aufnehmen muß. Somit wäre der erste Schritt zur Bildung eines lebendigen Pflanzenbegriffs jedenfalls dieser: sich darin zu üben, daß man sich unter dem Namen einer Pflanze nicht nur etwas wie eine Momentaufnahme ihrer voll ausgebildeten, blühenden Gestalt vorstellt, sondern ihren ganzen Zyklus von Wachstum, Reife und Absterben. Das eigentliche Wesen der Rose findet man nicht in der abgeschnittenen Blume, die man in die Vase stellt, sondern in ihrer zeitlichen Erscheinung durch den Jahreslauf hindurch. Mit einem Blick auf eine blühende Wiese sollte man den Gedanken verknüpfen: Alle diese Pflanzen sind ja unterwegs aus der Vergangenheit in die Zukunft; was ich jetzt sehe, ist an sich Maja. Um nun von einem solchen *Wissen* um die zeitliche Manifestation des Pflanzenwesens zu einem *Verständnis* derselben zu gelangen, muß man – gemäß Steiners Ausführungen – den Typus, die Urpflanze zu Hilfe nehmen. Nun kommt der entscheidende Schritt: Jetzt sind wir nämlich vor die Aufgabe gestellt, die – zeitliche! – Gestalt der konkreten Pflanze, also zum Beispiel der Rose, aus der –

zeitlichen! – Gestalt der Urpflanze zu *entwickeln,* also die allgemeine Entwicklungsgesetzmäßigkeit des Pflanzenwachstums in ihre konkrete Form einmünden zu lassen; mit anderen Worten: das Wissen um die allgemeinen Hauptrichtungen der Wirksamkeit pflanzlicher ätherischer Bildekräfte in ein Erfassen der Wirksamkeit ätherischer Bildekräfte bei der Rose übergehen zu lassen. Bei dieser Aufgabenstellung müssen wir uns mit bestimmten Fragen beschäftigen, zum Beispiel: Wie äußert sich bei der Rose das allgemeine Prinzip der Ausdehnung und Zusammenziehung während der Blattentfaltung? Durch solche Fragestellungen werden wir zugleich auch auf die Wirkungen der Umgebung, der Erde und des Kosmos, gewiesen, ohne deren Mitberücksichtigung der Rosenbegriff immer noch undeutlich, inhaltlich arm bliebe.[41]

Das Entscheidende ist aber die Ableitung der konkreten Gestalt der Rose aus dem Typus. Das ist keine logische Operation. Man kann sie nicht durch logische Schlußfolgerungen vollführen. Man muß ein künstlerisch-schöpferisches Element im vergleichend-anschauenden Urteilen anwenden, also etwas, womit das traditionelle wissenschaftliche Denken bis jetzt überhaupt nicht rechnet. Dieselbe Fähigkeit, mit Hilfe derer ein Plastiker Formen aus Ton entstehen läßt und das Geformte wieder umbildet, muß hier im Denken zur Geltung kommen, um Individuell-Konkretes aus Allgemeinem abzuleiten. Es leuchtet wohl ein, daß die Begriffe, mit denen dabei gearbeitet wird, plastisch, offen, beweglich bleiben müssen: Es müssen «lebendige» Begriffe sein; die Formen lebendiger Wesen können eben nicht anders als durch Begriffe, die ineinander übergehen können, verstanden werden. Indem der Goethesche Typus-Begriff in die Naturbetrachtung eingeführt wird, bekommt also die wissenschaftliche Arbeit künstlerisch-schöpferische Züge. Und dadurch kommt auch auf dieser Denkstufe eine Art Vorwegnahme der «Ehrfurchtsstufe» des geisteswissenschaftlichen Denkens zum Vorschein, auf welcher dann die Begriffe durch Gefühlsbeteiligung ihre verhärteten Umrisse verlieren, um sich einem Höheren zu öffnen, wodurch – wie wir angedeutet haben (siehe S. 50) – die Welt als Kunstwerk, als von Schönheit durchdrungen begriffen werden kann.

Das künstlerische Element im Denken, das im Betrachten der Pflanzenwelt entwickelt wird, scheint dabei mehr aktiv-schöpferisch zu sein, wogegen das Ertasten der Schönheit der Welt durch die Bewunderungsfähigkeit im Denken mehr ein ergebungsvolles Aufnehmen ist. Man könnte die beiden Denkarten auch so charakterisieren, daß man die denkerische Arbeit mit der Urpflanze mit dem «Formenzeichnen» im Waldorfschulunterricht, die Erkenntnis durch ehrfurchtsvolles Denken mit den Farberlebnissen beim Malen vergleicht.

Durch das Einfließen von Zeit- und Entwicklungsvorstellungen in die Begriffsbildung kann der Grund gelegt werden zu einer wichtigen Vertiefung des

Verhältnisses, in dem der Mensch zu allem, was lebt, steht – zu Pflanzen, Tieren, aber auch zur Menschenwelt. In allen Bereichen des Lebens harren unsere seit Jahrhunderten sich verhärtenden Begriffe einer belebenden Entzauberung. Damit können wir jetzt ein Motiv noch konkreter ausarbeiten, das am Schluß des vorigen Kapitels angeschlagen wurde: der neue Blick für das Geheimnis des Menschen.

Fragen wir zunächst: Wie kann sich die Aneignung einer das zeitliche Werden berücksichtigenden Denkweise in der Selbsterkenntnis auswirken? Für gewöhnlich bildet sich jeder Mensch eine bestimmte Vorstellung seiner Persönlichkeit, je nachdem, wie sie gerade jetzt, in der Gegenwart beschaffen ist. Wenn er von sich «ich» sagt, meint er meist den augenblicklichen Inhalt seines «Ich»-Erlebens: den gegenwärtigen Stand seiner Fähigkeiten, Anschauungen, Vorhaben, Hoffnungen, seiner menschlichen Beziehungen, seines allgemeinen Lebensgefühls. Aber das Wesen eines Menschen erschöpft sich in Wirklichkeit nicht in dem, was er in einem bestimmten Lebensaugenblick ist. Zu seinem Wesen gehört untrennbar auch seine Vergangenheit, so wie die Wurzeln zum Baum gehören. Es gehört immer noch zu ihm, wie er vor zehn, zwanzig, dreißig Jahren gedacht, empfunden, gelebt hat. Es gehören zu ihm auch alle Lebensmöglichkeiten, die später nicht ergriffen und entwickelt, alle Ansätze, die unvollendet abgebrochen wurden. Ohne seine Vergangenheit könnte er jetzt nicht das sein, was er ist. Nicht nur das. Der Mensch lebt ja nicht nur in sich selber, innerhalb eines leeren Raumes, abgetrennt von der Welt. Das Wesen jedes Menschen wird auch «von außen» mitgeprägt, durch Schicksalsfügungen und vor allem durch Erlebnisse mit anderen Menschen. Ohne diese Einflüsse wäre der Mensch wiederum innerlich ein anderer, als er tatsächlich ist. Und geht man, rückschauend in die Vergangenheit, solchen Einflüssen nach, findet man, je weiter man in die Kindheit hineinkommt, immer mehr solcher den Menschen entscheidend prägender Wirkungen: Schulkameraden, Lehrer, andere erwachsene Menschen, Familienmitglieder, Eltern. Was wäre man ohne sie? Dazu kommen aber noch verschiedenste einflußreiche Schicksalsereignisse und Gegebenheiten der äußeren Umgebung – des Hauses, der Stadt, des Dorfes, der Berge und so weiter. Wieder muß der Mensch, indem er an seinen längst dahingeschwundenen Lebensumkreis denkt, zu sich selber sagen: Das alles baute deine Persönlichkeit auf; ohne die mich einst umgebenden Menschen, Räume, Landschaften, ohne das alles, was mir zugestoßen ist, wäre ich nicht derjenige, der ich bin; alles, was mich einst umgab, gehört mit zu meinem Ich. So entdeckt man, daß das eigene Wesen tief im Welt- und Menschheitsganzen verwurzelt ist. Unzählbare Wirkungen von allen Seiten flossen im Menschen zusammen, sich auch gegenseitig beeinflussend, und bildeten an seiner sich entwickelnden Persönlichkeit. Seine ganze bisherige, zum Teil ihm nicht einmal bewußte

Entwicklung – das ist er selber. Aus Menschenantlitzen, aus der Umwelt, aus der Natur, aus Schicksalsgaben und Schicksalsschlägen leuchtet ihm sein eigenes Ich entgegen. Seine augenblicklichen Gedanken, Einstellungen, Gemütsstimmungen sind in Wahrheit nur ein momentaner Ausschnitt aus einem fortlaufenden Werdegang, vergangenheitsbedingt und zugleich immer weiter nach der Zukunft hin verlaufend. So schließt Selbstbetrachtung, die ihre Gegenwartsverhaftung überwindet, ein Bekenntnis zur eigenen Vergangenheit ein und einen Glauben an Neues, noch kaum zu Ahnendes, was den Menschen in Zukunft schicksalsmäßig mitgestalten wird. Auf diese Weise entsteht ein Bild seiner selbst, in dem der Mensch sich nicht mehr als in sich selber abgeschlossen empfinden kann, sondern weiß, daß er sein Wesen anderen Menschen und dem Weltenwerden verdankt und daß er der Zukunft entgegenwächst, indem er sein eigenes Wesen immer wieder von neuem aus dem Umkreis empfangen wird.

Ähnlich ändert die Berücksichtigung des «Werdens im Sein» auch den Blick auf andere Menschen. Ihre in der Gegenwart zutage tretenden guten oder schlechten Eigenschaften, ihre gegenwärtigen Worte und Taten verlieren einen Teil ihrer Bedeutung, ihrer Eindringlichkeit. Gewichtiger werden andere Fragen, zum Beispiel: Wie ist wohl dieser Mensch dazu gekommen, daß er gerade so ist, wie er ist? Wer alles, was alles wirkte dabei mit? Die Eigenschaften, die man sieht, sind nur eine Momentaufnahme seines

Werdens, das sich aus der Vergangenheit in die Zukunft entwickelt und auch noch nicht abgeschlossen ist. Wohin scheint diese Entwicklung hinzuzielen? Wie hat man sie wohl bis jetzt selber beeinflußt? Was kann man künftig zu ihr beisteuern? Mögen die Menschen in ihrem augenblicklichen Dasein noch so verhärtet, noch so unbiegsam erscheinen – in unserem Denken haben wir immer die Gelegenheit, darum zu ringen, ihr Wesen als etwas im Werden Begriffenes zu erfassen, das heißt in seiner höheren Wirklichkeit. Sind solche Gedanken bedeutungslos, sind es «nur Gedanken»? Können sie nicht auch helfende, heilende, erlösende Kräfte ausstrahlen? In *A Christmas Carol* von Dickens wird gezeigt, wie ein unglaublich verkrusteter alter Geizhals durch das Erlebnis seines schon lang vergessenen vergangenen Werdeganges den ursprünglichen, menschenfreundlichen Faden seines Lebens wieder aufgreifen lernt. In unserem Gedankengebiet können wir jedenfalls die Entwicklungsfähigkeit anderer Menschen immer wieder vor uns aufleuchten lassen, und unser Verhältnis zu ihnen kann neue Schwerpunkte in ihrer Vergangenheit und in ihrer Zukunft suchen. –

Bisher haben wir nur versucht, das Element der Zeit, des Werdens in unsere Gedanken über einen Menschen aufzunehmen, so wie man es etwa bei einer Pflanze machen kann, indem man sich ihren ganzen Lebenskreislauf vorstellt. Aber wir deuteten auch darauf hin, daß man zu einem tieferen Verständnis des Pflanzenlebens erst dadurch vordringt, daß man untersucht, wie die Entwicklung einer bestimmten Pflanze mit dem allgemeinen Urbild des Pflanzenwerdens, mit dem Typus zusammenhängt. Auch bei der Betrachtung des Menschenlebens kann man in einer ähnlichen Richtung fortschreiten. Nur daß der Mensch nicht die Verwirklichung eines allgemeinen Entwicklungsurbilds ist, sondern ein Wesen für sich, unableitbar, ein Ich, das rein aus seinem eigenen Innern seine Lebensziele bestimmen kann. Daran ändert auch dasjenige, was wir gerade zu zeigen versuchten, nichts, daß nämlich der Mensch sein Ich während seines Erdenlebens als Gabe aus dem Umkreis empfängt. Eben diese Tatsache – die geheimnisvolle Verknüpfung des Menschen mit der Welt – kann als Mahnung empfunden werden, die Geheimnisse des Ich nicht mit dem üblichen Denken erfassen zu wollen, sondern mit einem Denken, das schon eine Läuterung durch Ehrfurcht und Liebe erfahren hat. Wenn man sich bewußt bleibt, daß das Wesen des Ich zunächst auf einer bedeutend höheren Stufe zu suchen ist als das Wesen einer Pflanze, daß man also für das Ich keineswegs nach einem Typus von der Art einer Urpflanze zu suchen hat, kann man sich immerhin zu dem Gedanken erheben, daß in der Menschheitsentwicklung auch das Ich als Geschenk von außen aus der geistigen Welt empfangen worden ist und daß es etwas wie eine gemeinsame Ursubstanz für alle menschlichen Iche gibt, aus dem Reich der Sonnengötter, die einen Teil ihrer eigenen Ich-Wesenheit an die Menschen hingeopfert haben. So wurde das Ich von Wesen aus der Hierarchie der Exusiai in die noch träumenden Menschenseelen versenkt, wobei der Ur-Liebesimpuls dazu vom höchsten Sonnenwesen ausging, vom Christus-Logos. In diesem Sinn kann man sagen, daß später in dem Christus Jesus das göttliche Urbild des Menschen-Ich auf die Erde herabgestiegen ist. «In dem Menschen, der den Christusnamen trägt, leben auch die Kräfte des hohen Sonnenwesens, in denen jedes menschliche Ich seinen Urgrund findet.»[42]

Sofern man sich also des Unterschiedes der geistigen Ebenen bewußt bleibt, kann man sagen: Ebenso wie wir, um die Gestalt einer Pflanze zu verstehen, auf die Urpflanze zu blicken und zu fragen haben: Wie lebt die Urpflanze in dieser Pflanzengestalt? – so können wir, um einen Menschen in seinem wahren Wesen zu verstehen, auf Christus blicken und das Ich dieses Menschen in den Strahlen des Christus-Lichts zu schauen versuchen.

So ausgesprochen klingt das allerdings noch sehr abstrakt, und es erweckt noch keine Vorstellung, wie man es praktisch verwirklichen könnte. Aber Rudolf Steiner hat eine konkrete Hilfe für diese Art von Menschenverständnis gegeben, und zwar durch seine Statue des «Menschheits-Repräsentanten». Sie stellt die Wirksamkeit des Christus im Kampf um die Wiederherstellung der verdunkelten, halbverlorenen Gott-Ebenbildlichkeit des Menschen dar. So wie man durch «anschauende Urteilskraft» in jedem Pflanzenleben die Urpflanze anschauend denken und denkend anschauen kann, kann man in jedem Menschen-Ich durch ehrfurchts- und liebegetragene Gedanken die fern-nahe, Vergangenheit und Zukunft umspannende Gegenwart des Christus-Ich, des göttlichen Menschheits-Repräsentanten ertasten: dem Menschen dienend, leidend, immer wieder von dunklen Wolken verdeckt, immer wieder dem Tod preisgegeben, aber auch dem Tod sich entringend, himmlische Dimensionen mit irdischen Schicksalen verwebend. In jedem Menschen-Ich lebt diese Christus-Verwandtschaft – die ursprüngliche Anlage zu sonnenhaft strahlender, sich-verschenken-wollender Güte, wenn auch oft nur als verschütteter Keim. In jedem Menschen muß diese Anlage in der Auseinandersetzung mit den Widersachermächten zu immer kraftvollerer Selbständigkeit heranreifen. Und in jedem Menschen kämpft Christus diesen Kampf mit. Man kann von dieser göttlichen Mit-Gegenwart wissen, sobald man das Gestrüpp der fixierten, hartgeronnenen Urteile über einen Menschen («er ist edel, gescheit, geschickt», «er ist faul, eitel, grob ...») wenigstens für eine kurze Zeit durchstoßen und auseinanderbiegen kann und so in den Strom lebendiger Gedanken eintritt. Ebenso durchsetzen die Widersachermächte das Seelenleben sämtlicher Menschen, aber auch sie nicht nur in negativem Sinn, denn das Ich kann ihnen viele Eigenschaften abgewinnen, die es für eine freie, die Erde verwandelnde Tätigkeit braucht. Luzifer ist ja nicht nur der Verführer, der menschliche Leidenschaften aufpeitscht, er ist auch der Spender von Begeisterung, Phantasie, überlegenem Humor. Und Ahriman ist nicht nur der harte Gebieter, der den Menschen an die Sinneswelt kettet, und der Todesfürst; ihm verdankt die Menschheit auch Klarheit des Denkens, Konsequenz, innere Festigkeit und Beständigkeit. Christus gibt dabei dem Menschen die Kraft, das Böse der beiden Widersacher Schritt für Schritt in Gutes und Hilfreiches zu wandeln.

Ein Mensch steht vor uns. Seine jetzige geistig-seelische Gestalt hat er durch seine bisherige Entwicklung gewonnen, unter Mitwirkung vieler Einflüsse seines Lebensumkreises. Aber er ist nicht nur der Mensch, den wir sehen und hören. Durch ein lebendbewegliches Denken können wir in ihm, wie in jedem anderen, eine individuelle Ausgestaltung des Motivs erkennen, das in der Statue des «Menschheits-Repräsentanten» festgehalten ist: Christus in der Auseinandersetzung mit Luzifer und Ahriman. Es mag sein, daß in diesem Falle Christus nur wie aus unendlicher Ferne in das Ich dieses Menschen hineinwirken kann. Es mag auch sein, daß Luzifer und Ahriman sich in ihm vordergründig als triumphierende Verführer zum Bösen zeigen. Gelingt es uns trotzdem – wenn auch nur andeutungsweise –, durch bildhaftes Denken das Zusammenspiel der drei Mächte in jener individuellen Gestalt, die es gerade in diesem Menschen angenommen hat, zu erschließen, hören Luzifer und Ahriman ganz bestimmt auf, sich nur in ihrer menschenfeindlichen Wirksamkeit zu offenbaren; und es wird klar, wieviele positive Eigenschaften ihnen auch abgerungen werden könnten. Das erste zarte Licht einer Zukunfts-Verheißung fängt an, über dem Menschen zu dämmern. Die Erscheinung des Menschen erfährt für uns eine reale Durchchristung.

Der Anfang des Weges zu dieser Art bildhaften Menschen-Erlebens besteht im Stellen von ruhigen, von Ehrfurcht und Liebe durchtränkten Fragen, zum Beispiel: In welchen Lebenssituationen zeigt sich in diesem Menschen etwas von der Christus-Anlage? Wo überall, bei welchen Äußerungen – positiven oder negativen – kommt ein luziferisches Element zum Vorschein? In welchen Äußerungen scheint Ahriman in ihm mitzuwirken? Das Ziel der Bemühung ist dann das erwähnte bildhafte Erleben – dessen Voraussetzung natürlich ein einigermaßen verarbeitetes Wissen um die Bedeutung der Zeit im Menschenleben ist, wie wir es zu charakterisieren versuchten.

Als Rudolf Steiner unmittelbar nach dem Ersten Weltkrieg dem unheimlichen Niedergang aller sozialen Zusammenhänge innerhalb der europäischen Menschheit gegenüberstand, versuchte er mit unerhörter Energie, Perspektiven eines neuen sozialen Zusammenlebens vor seinen Zuhörern erstehen zu lassen. Damals sprach er die Worte, in die wir nun – zusammenfassend – ausklingen lassen können, was über die lebendige Menschenbetrachtung ausgeführt wurde:

«Meine lieben Freunde, Sie können sich solch ein

Bild anschauen, wie die Gruppe ist: der Menschheitsrepräsentant, Luzifer, Ahriman. Da haben Sie erst dasjenige vor sich, was im ganzen Menschen wirkt, denn der Mensch ist der Gleichgewichtszustand zwischen dem Luziferischen und dem Ahrimanischen. *Durchdringen Sie sich im Leben mit dem Impuls, jedem Menschen so gegenüberzutreten, daß Sie diese Trinität in ihm sehen, konkret in ihm sehen, dann fangen Sie an, ihn zu verstehen.* Und das ist eine wesentliche Kraft, die sich in diesem fünften nachatlantischen Zeitraum entwickeln will, daß wir nicht mehr so aneinander vorbeigehen sollen, wie ein Gespenst an dem andern, so daß wir uns kein Bild voneinander machen, sondern nur aus unseren abstrakten Begriffen den anderen Menschen definieren. Etwas anderes tun wir nämlich jetzt nicht. Wir gehen aneinander vorbei wie Gespenster. Das eine Gespenst macht sich die Vorstellung: Das ist ein netter Kerl, – das andere: Das ist ein weniger netter Kerl, das ist ein böser Mensch, das ist ein guter Mensch – lauter solche abstrakte Begriffe. wir haben in dem Verkehr von Mensch zu Mensch nichts anderes als ein Bündel abstrakter Begriffe. Das ist das Wesentliche, was von der Form des Alttestamentlichen: ‹Mache dir kein Bild› in dem Menschen herausgekommen ist und was im eminentesten Sinne zum antisozialen Leben führen müßte, wenn wir es fortsetzen würden. Was aus dem Innersten des Menschen herausstrahlt, was sich verwirklichen will, ist, daß, wenn ein Mensch dem anderen gegenübertritt, gewissermaßen aus dem anderen Menschen ein Bild herausquillt, ein Bild jener besonderen Art des Gleichgewichtszustandes, den individuell jeder Mensch ausdrückt. Dazu gehört allerdings jenes erhöhte Interesse, welches ich als die Grundlage des sozialen Lebens Ihnen öfter geschildert habe, jenes erhöhte Interesse, das der Mensch am anderen Menschen nehmen soll. Wir haben heute noch kein intensives Interesse am anderen Menschen. Daher kritisieren wir ihn, daher beurteilen wir ihn, daher machen wir uns Urteile nach Sympathien und Antipathien, nicht nach dem objektiven Bild, das uns aus dem anderen Menschen entgegenspringt ...

Nun, meine lieben Freunde, kann in Ihnen die Frage auftauchen: Wodurch gewinnen wir allmählich die Fähigkeit, daß uns das Bild des Menschen entgegenspringt? Wir müssen uns diese Fähigkeit im Leben aneignen ... Sieht man mehr selbstlos zurück auf das, was man in Kindheit, Jugendzeit und so weiter erlebt hat, je nach dem Alter, das man erreicht hat, dann tauchen wie aus grauer Geistestiefe verschiedene Menschen auf, die nach den verschiedensten Verhältnissen hin an unserem Leben Anteil gehabt haben. Schauen Sie zurück, meine lieben Freunde, in den Verlauf Ihres Lebens, und schauen Sie weniger nach dem, was Sie gerade an Ihrer eigenen werten Person interessiert, schauen Sie vielmehr nach denjenigen Gestalten, die an Sie herangetreten sind, Sie erziehend, sich mit Ihnen befreundend, Sie fördernd, Ihnen vielleicht auch schadend, manchmal in sehr nützlicher Weise schadend. Eines wird Ihnen alsdann aufgehen, meine lieben Freunde: wie wenig der Mensch im Grunde genommen Veranlassung dazu hat, sich selber zuzuschreiben, was er geworden ist ... Wer nur einmal ergriffen ist von solcher Selbstschau, wie ich sie jetzt geschildert haben meine lieben Freunde, der wird sich selber viel zu uninteressant, als daß er über sein eigenes Leben allzuviel brüten möchte. Unendliches Licht breitet sich über dieses unser Leben aus, wenn wir von demjenigen bestrahlt es sehen, was aus grauer Geistestiefe in dieses Leben eintritt.

Das aber befruchtet uns so, daß wir wirklich die imaginativen Kräfte erhalten, dem gegenwärtigen Menschen so gegenüberzutreten, daß uns in ihm dasjenige erscheinen kann, was uns sonst erst nach Jahren in der Rückschau von den Gestalten erscheint, mit denen wir zusammen gelebt haben. Wir erwerben uns dadurch die Fähigkeit, daß uns wirklich Bilder aus dem Menschen entgegentreten, dem wir begegnen ...

Dann aber, wenn wir uns ein *Bild* von unserem Mitmenschen machen, dann bereichern wir unser Seelenleben; dann übergeben wir mit jeder menschlichen Bekanntschaft unserem inneren Seelenleben einen Schatz ... Wir gewinnen die Möglichkeit, daß in uns die anderen Menschen leben. Aber das muß erworben werden; das ist etwas, was uns nicht angeboren wird.»[43]

Bei der Darstellung des lebendigen Denkens sind wir jetzt durch die Menschenbetrachtung bereits bei der dritten Stufe der Denkschulung angelangt. Wir haben schon (auf S. 78) erwähnt, daß durch das Erfassen der moralischen Ausstrahlung der Begriffe auf dieser Stufe die Gedanken immer mehr als *lebendige Wesen* erfahren werden können. Es sei jetzt noch kurz darauf hingewiesen, wie diese wesenhafte Lebendigkeit der Gedanken auch innerlich wahrgenommen, beobachtet werden kann. Man wird bemerken, daß die zu einer gewissen Beweglichkeit erweckten Begriffe sich plötzlich viel schwerer durch Worte ausdrücken lassen. Und man wird auch entdecken, worin der Grund dafür liegt. Er liegt darin, daß in allen modernen Sprachen in den letzten Jahrhunderten das Hauptwort, das Substantiv, unverhältnismäßig an Bedeutung zugenommen hat, während die anderen Wortarten oft nur als belanglose Bindeglieder zwischen die Hauptwörter eingefügt werden. Gerade die Hauptwörter dienen nämlich in idealer Weise zur Vermittlung von fest umrissenen Begriffen. Den Sinn eines Hauptwortes kann man meist leicht und klar definieren. Im Dienste des neuzeitlichen, mehr oder weniger abstrakten wissenschaftlichen Denkens wurden die Hauptwörter zu Trägern eindeutig bestimmter und eben dadurch starrer, abgestorbener Begriffe. Sogar aus einem Hauptwort wie «Bewegung» hat sich für die Empfindung sein ursprünglicher Inhalt fast ganz verloren, es drückt nur noch ein schemenhaft ausdrucksloses Etwas aus, das man ebenso gut auch durch eine Formel oder durch ein Diagramm ausdrücken könnte. Wie anders berührt uns noch etwa das Wort «beweglich» oder gar der Ausdruck «es bewegt sich» – hier erleben wir mit einem Mal eine Bedeutung, die nicht fixiert, nicht abstrakt umzäunt ist, sondern ein unbegrenztes Sich-Fortbewegen in sich birgt. Während die Hauptwörter eine klare Orientierung inmitten der Dinge der physischen Welt ermöglichen, entspricht das Zeitwort, das Verbum, dem sich fließend wandelnden Zustand der Urbilder im «Geisterland». Da wir aber gewöhnt sind, in Hauptwörtern zu denken, bekommen wir Verständigungsschwierigkeiten, sobald wir das strömende Leben der höheren Wirklichkeit ausdrücken sollen.

Rudolf Steiner spricht öfter davon, daß die Hauptwörter kein geeignetes Verständigungsmittel im Umgang mit Wesen der geistigen Welt sind. Die Toten verstehen uns kaum, wenn wir ihnen Gedanken hinübersenden, die in Hauptwörter geprägt sind:

«Und wenn man näher auf dieses ganze Verhältnis eingeht, so findet man namentlich, daß Verben, Zeitwörter, auch Präpositionen und vor allen Dingen Interjektionen von den Toten verhältnismäßig leicht verstanden werden, Substantive, Hauptwörter, hingegen fast gar nicht. Die bilden sozusagen im Sprachverstehen der Toten eine gewisse Lücke. Da versteht der Tote nimmer, wenn man viel in Hauptwörtern sprechen will. Und man merkt, wenn man versucht, das Hauptwort in ein Verbum umzusetzen, daß er dann anfängt zu verstehen. Wenn Sie zum Beispiel zu einem Toten sagen: Der Keim für irgend etwas – so bleibt ihm das Wort ‹der Keim› in den meisten Fällen unverständlich, ja, es ist, als ob er überhaupt nichts hörte. Wenn Sie sagen ‹was keimt›, wenn Sie also ‹der Keim› verwandeln in das Verbum: ‹was keimt› –, dann fängt er an zu verstehen.»[44]

Es ist eine außerordentlich hilfreiche Übung für die Ausbildung eines sinnlichkeitsfreien Denkens, in dieser Weise den Unterschied verschiedener Wortkategorien so deutlich wie möglich zu denken; die verbalen Formen sind dabei die naturgegebene Ausdrucksart für «bewegliche», «lebendige» Begriffe. Während die Hauptwörter vornehmlich dem abstrakten Kopf-Denken entsprechen, wenden sich die Verben, die ja auch meistens verschiedene Tätigkeiten ausdrücken, an die Willenssphäre im Menschen, also an dasjenige, was auch unseren Körper bewegt. So können wir im Denken von Verben schon eine Art Vorblick aus dem Bereich des «reinen Denkens» in die Erfahrungen der dritten Stufe unseres Denkweges erleben.

Der Unterschied liegt darin, daß wir im Denken von Verbalformen zwar etwas Willenshaftes erleben können, aber noch mit einem unklaren, im besten Falle schattenhaften Bewußtsein des moralischen Aspekts der Begriffe. Auf der dritten Stufe fangen wir dagegen an, die verborgenen moralischen Tendenzen der zu Gedankenwesen belebten Begriffe zu ertasten. Eben dadurch erlangen die Begriffe – oder Gedanken – immer mehr eine Art wesenhafter Selbständigkeit. Sie offenbaren sich uns, mehr oder weniger deutlich, als moralisch geprägte Wesen.

Durch dieses Erleben ändert sich nun gründlich – allerdings nur in den Feieraugenblicken, in denen wir uns zu dieser Art von Denk-Erleben aufschwingen – der Charakter unserer Denktätigkeit, des Verbindens und Lösens von Gedanken. Immer schwächer wird in dem Gedanken-Verbinden der logische Zwang empfunden; die Gesetze der Logik verlieren zwar nicht ihre Gültigkeit, aber ihre Wichtigkeit. Man wird freier im Denken. Die Gedanken deuten selber, und zwar durch ihren eigenen Charakter, durch das, was wir als ihren moralischen Gehalt bezeichnet haben, ihre gegenseitige Nähe oder Fremdheit an, ihre verwandtschaftlichen Bindungen oder die Kräfte gegenseitiger Abstoßung, sie suchen sich oder meiden sich. Und indem man denkt, folgt man einfach liebevoll diesen Tendenzen; man versucht im Einklang mit der geistig-moralischen Gesetzmäßigkeit, die sich durch die Gedanken selber offenbart, zu denken. Solange man im Auge behält, daß die Gedankenverbindungen dabei immer nur durch aktive Denktätigkeit zustande kommen dürfen, daß sie folglich mit einem passiv-assoziativen Denken nichts zu tun haben, kann man sogar sagen: Man läßt die Gedanken sich selber denken.

Rudolf Steiner drückt es so aus: «Dadurch, daß man sich unablässig zum Eigentum macht, was die Geistesforschung sagt, gewöhnt man sich an ein Denken, das nicht aus den sinnlichen Beobachtungen schöpft. Man lernt erkennen, wie im Innern der Seele Gedanke sich an Gedanke webt, wie Gedanke den Gedanken sucht, auch wenn die Gedankenverbindungen nicht durch die Macht der Sinnenbeobachtung bewirkt werden. Das Wesentliche dabei ist, daß man so gewahr wird, wie die Gedankenwelt inneres Leben hat, wie man sich, indem man wirklich denkt, im Bereiche einer übersinnlichen lebendigen Welt schon befindet ... Um in dieser Beziehung richtig zu sehen, muß man folgendes innere Erlebnis haben können. Man muß unterschieden lernen zwischen den Gedankenverbindungen, die man durch eigene Willkür schafft, und denjenigen, welche man in sich erlebt, wenn man solche eigene Willkür in sich schweigen läßt. In dem letzteren Falle kann man dann sagen: Ich bleibe in mir ganz still; ich führe keine Gedankenverbindungen herbei; ich gebe mich dem hin, was ‹in mir denkt›. Dann ist es vollberechtigt zu sagen: In mir wirkt ein für sich Wesenhaftes.»[45]

Hat man einmal den Zugang zu solchen Erfahrungen gefunden, gewinnt man eine verstärkte Achtsamkeit für die Art, wie in Büchern Gedanke an Gedanken geknüpft wird, ob ein bestimmter Autor imstande ist zu erlauschen, in welcher Richtung sich ein bestimmter Gedanke weiterbewegen will, oder ob er die Gedanken mit Gewalt zwingt, sich seinen Absichten zu fügen. Auch die Wahrnehmungsfähigkeit für gediegene logische Zusammenhänge wird dadurch geschärft, daß man die Gedanken immer realer erlebt. Dabei wird man auch gewahr, wie sorgfältig und behutsam Rudolf Steiner mit den eigenen Gedanken umging. Kann man in seinen philosophischen Schriften – begreiflicherweise – in erster Linie eine geradezu hingebungsvolle Beachtung der logischen Folgerichtigkeit feststellen, wird man in seinen späteren Schriften, und besonders in Vorträgen, jene strenge Rücksicht auf den *eigentlichen inneren Gedankencharakter,* von dem wir eben sprachen, immer wieder bemerken und bewundern. Diese Rücksicht bringt es auch mit sich, daß er die Blickrichtung, von der aus er bestimmte Tatbestände behandelt, grundsätzlich nicht ändert, auch wenn durch diese Art von «disziplinierter Einseitigkeit» ab und zu scheinbare Widersprüche mit anderen Äußerungen entstehen. Aber er läßt die Gedanken sich nach ihrer eigenen Wesensart aneinanderreihen. Und sein Realismus bewährt sich eben darin, daß die Tatsachen, wenn sie von verschiedenen Seiten wahrheitsgemäß geschildert werden sollen, manchmal widerspruchsvoll ausgesprochen werden müssen.

# 7.
# DIE VIERTE STUFE: OPFER

Machen wir uns – genügend oft – klar, daß jeder Mensch ein anderes Welterleben und dadurch auch eine andere Welterkenntnis hat? Einfach deswegen, weil jeder andere innere Voraussetzungen für sein Welterleben hat?

«Der eine fährt über das Meer, und nur wenig innere Erlebnisse ziehen durch seine Seele; der andere empfindet dabei die ewige Sprache des Weltgeistes; ihm enthüllen sich geheime Rätsel der Schöpfung ... Die Außenwelt ist in allen ihren Erscheinungen erfüllt von göttlicher Herrlichkeit; aber man muß das Göttliche erst in seiner Seele selbst erlebt haben, wenn man es in der Umgebung finden will.»[46]

Der Reichtum des Innenlebens bildet den Schlüssel zu einem Reichtum der Welterkenntnis. Wie verschieden sind die Menschen in bezug auf ihr Innenleben! Wie schwer können sie einander deshalb auch verstehen! Und doch hat man im Denken das objektive Band, das Seele mit Seele verbinden kann. Nun haben wir aber gesehen, daß auch der reale Inhalt der Begriffe eines Menschen von der Art abhängt, wie sein Inneres am Denkvorgang beteiligt ist. Eigentlich ist gegenseitiges Verständnis nur auf der Ebene des intellektuellen Kopfdenkens verhältnismäßig leicht. Spricht ein Mensch einen Gedanken aus und ist dieser Gedanke genügend klar umrissen, sollte jeder andere ihn verstehen können, denn beide können in diesem Fall genau dieselbe Begriffsverbindung vollziehen. Ihre Begriffe sind zwar schattenhaft, aber mehr oder weniger beiden gemeinsam.

Das ändert sich, sobald man die bloße Kopfebene verläßt. Jetzt ist der Inhalt der Begriffe nicht mehr für alle derselbe. Wie sollte auch ein bloß intellektualistisch Denkender die Begriffsbildung eines Menschen nachvollziehen, der seine Gedanken mit Ehrfurcht formt? Je weiter man vom gewöhnlichen abstrakten Denken wegkommt, desto einsamer wird man in seiner Erkenntnis. «Die zur Wahrheit wandern, wandern allein» (Christian Morgenstern). Aber auch zwei Menschen, die beide anthroposophische Erkenntnisse mit Ehrfurcht aufnehmen, denken nicht mit denselben Begriffen; denn jeder wird seine persönliche Art haben, wie er Bewunderung, Verehrung, Andacht in seine Gedanken hineinarbeitet. Schon einen Engel zu denken wird für jeden eine andere Lebendigkeit, eine individuelle Wirklichkeitsnähe haben.

Ganz besonders gilt das dann für diejenige Stufe der michaelischen Gedankendurchwärmung, die wir als die dritte bezeichneten. Hier öffnet sich ein unendlicher Horizont verschiedenartiger Möglichkeiten, wie man die verborgene moralische Weltordnung in Menschengedanken fassen kann. Und auch eine unendliche Stufenfolge von Reifegraden in diesem Bemühen. Was alles gehört nur dazu, den Opferwillen der Throne am Weltenurbeginn überhaupt, wenn auch ganz ahnungsweise, im Menschlich-Kleinen, in sein Weltbild aufzunehmen? Nur wenn bescheidenste Ehrfurcht, gepaart mit eigener Liebes- und Opferfähigkeit, die Erkenntnisschale mit aufgebaut hat, besteht Hoffnung, daß solche Wahrheiten aufgenommen und in der Seele weiterleben können. Menschen, die auf verschiedenen Schicksalswegen zum Studium der Anthroposophie gelangen, werden verschiedenste moralische Voraussetzungen für ein Begreifen der großen kosmischen Tatsachen mitbringen, wobei bei allen – das sollte auch immer zugegeben werden – das «Begreifen» schließlich doch menschlich ungenügend, inadäquat, blaß im Verhältnis zur Größe der geistigen Tatsachen sein wird – obwohl eine rein intellektuelle Orientierung über die von der Anthroposophie übermittelten Tatsachen der Weltentstehung durchaus nicht überaus schwierig scheint. Ein Mensch, der nicht bereit ist, selber im Leben Opfer zu bringen, selbstlos für andere da zu sein, kann jedenfalls nie auch nur das unvollkommenste Verständnis für die Weltentstehung im Sinne der Ausführungen Steiners haben, wie ihm auch die Vorstellung einer dem sichtbaren Kosmos inhärenten moralischen Weltordnung unbegreiflich vorkommen muß. Hingegen wird ihn die Vorstellung eines Urknalls als Welterklärung befriedigen, weil sie für ihn voll verständlich ist.

Um mit seiner Weltauffassung in die unergründliche Flammentiefe der den Kosmos durchdringenden göttlichen Liebesordnung immer bewußter hineinzuwachsen, braucht der Mensch eine nie versiegende, treue Arbeit an denjenigen moralischen Qualitäten, die seine Erkenntnis vertiefen können. Denn er soll in sich allmählich ein wenn auch noch so bescheidenes und stets von natürlichen menschlichen Schwächen begleitetes Abbild der den Kosmos durchflutenden Moralität formen. Was alles ist damit ausgesprochen! Man denke nur etwa daran, wie das Leben des ganzen Universums einzig durch den allwaltenden Kreislauf der Hingabe entsteht und vergeht: Höchste Wesen entäußern sich eines Teiles ihrer Wesenheit, um neue Wesen erstehen zu lassen, diese wiederholen das Opfer, durch das sie selber ihr Dasein empfangen haben; und immer weitere zum Sein erweckte Wesen entstehen, um an dem alldurchtönenden hierarchischen Opfergesang, der aus den Höhen immer weiter in die Tiefe dringt, teilzunehmen, bis eine Welt unzählbarer geschaffener Wesen sich des Daseins erfreuen kann. Und wenn der Kreis des kosmischen Lebens sich gerundet hat, wenn er durch Keimen, Sprossen, Blühen und Reifen hindurchgegangen ist, geben sich die Letzterschaffenen in überschäumender Dankbarkeit wieder ihren Schöpfern hin, gehen in ihnen auf, mit allem, was sie hatten; diese geben sich an die Nächsthöheren hin, diese an die noch Höheren, bis hinauf zu den Urschöpfern, bis schließlich alles in die Ur-Gottessubstanz aufgenommen ist und ein kosmischer Äon sich schließt, damit ein neuer zum Dasein erwachen kann. Wie könnte man auch nur Einzelheiten eines solchen göttlich-geistigen Waltens wirklich «verstehen», wenn man nicht die Stimme einer leisen Sehnsucht in sich vernehmen würde, sich auch selber in das erhabene, Sein-schaffende Opfergeschehen eingliedern zu dürfen, in den Wesen-erweckenden hierarchischen Liebeshymnus auch selber mit einzustimmen?

Zu Staunen und Ehrfurcht als den ersten Vorbedingungen für eine wirklichkeitsgemäße Erkenntnis fügt Rudolf Steiner noch zwei weitere, höhere Bedingungen hinzu. Die erste von ihnen lautet: *«sich in weisheitsvollem Einklang fühlen mit den Weltgesetzen».*[47] Etwas Ähnliches drücken auch Worte aus dem letzten Teil der Liturgie der Christengemeinschaft aus, wo von einem «friedvoll Stehen zur Welt» und von einem «sich Einen mit ihrem Werden» gesprochen wird. Man kann die wesenhaften Urgründe der Welt nicht verstehen, wenn man nicht versucht, mit ihrer Moralität im *Einklang* zu stehen, ihre Seinsgesetze anzuerkennen und in sich selber wirksam werden zu lassen. Erst durch freiwillig, durch Liebe hergestellten Einklang mit den eigentlichen Weltgesetzen kann man erreichen, daß die Welt ihren tieferen, das heißt moralischen Gehalt zu enthüllen beginnt. Dann erst können die Gedanken als real-wesenhaft erlebt werden und dem Menschen ihre verborgenen Geheimnisse zuraunen.

Aber man sollte sich klar sein, daß selbst bei einem solchen konsequenten und von Demut durchdrungenen Erkenntnisbemühen die Erkenntnistätigkeit immer noch einen Nachklang des Sündenfalls in sich enthält. Auch wenn wir uns der Erkenntnis nicht mehr «bemächtigen» wollen, auch wenn wir unsere Gedanken zu bittenden Schalen umgeschmiedet haben und geduldig hinnehmen, ob uns eine Erkenntnis zuteil wird oder nicht, ob es uns im gegebenen Fall gelingt, in einen geisteswissenschaftlichen Zusammenhang verständnisvoll einzudringen oder nicht – das Erkenntnisstreben an sich bleibt doch immer eine Gabe Luzifers. Wenn sich der Mensch nicht mit Luzifer verbündet hätte, wäre er «ein Wesen geworden mit einem Bewußtsein, dessen Inhalt wie durch Naturnotwendigkeit, nicht durch sein freies Eingreifen, die Welt in den Bildern des Erkenntnislebens gespiegelt hätte».[48] Jedes bewußte Streben nach Erkenntnis ist eine Art Fortführung des Sündenfalles, auch wenn es der einzige Weg zu seiner Überwindung ist. Ohne ihn hätte der Mensch sämtliche Erkenntnis nur willenlos empfangen, nur hinnehmen können; er würde sich um sie niemals bemühen wollen, denn er wäre ohne sein Zutun immer nur von wahrheitsgemäßen Vorstellungen durchdrungen; er hätte keine Möglichkeit gehabt sich zu irren, denn immer stünden ihm diejenigen Erkenntnisse zur Verfügung, die für ihn gerade nützlich und notwendig wären.

Solange wir in der Erkenntnis Aktivität entwickeln, solange wir uns sehnen, eine bestimmte Erkenntnis zu erlangen, ein Erkenntnisziel zu erreichen, kann in unserem Erkenntnisleben der Sündenfall nicht rückgängig gemacht werden. Auch wenn uns Luzifer in der Erkenntnis bis zu Christus hinführen kann (wie bei der dritten Stufe angedeutet wurde), bleibt er doch immer noch als unser Begleiter an unserer Seite. Sollte man also doch besser auf jegliche Erkenntnis verzichten? Oder gibt es vielleicht Erkenntnisse, bei denen der Mensch zwar vollbewußt bleibt, aber sich doch jede Erkenntnis-Aktivität versagt?

Rudolf Steiner gibt als letzte, schwerwiegendste und schwierigste Bedingung für eine wirklichkeitsgemäße Erkenntnis an: *«Ergebung in den Weltenlauf»*. Er sagt dazu, man solle so lange an der Selbsterziehung arbeiten, bis die Wahrheit durch die Offenbarungen aus den Dingen in uns einströmt, uns ganz durchdringend. Dadurch nehme man «den Willen in der Welt» wahr.

Wie entsteht nun eine Erkenntnis, bei der man «Ergebung in den Weltenlauf» übt? Jetzt handelt es sich nicht mehr nur um Einbeziehung des Gefühls oder des Willens in die Erkenntnisbemühungen. Jetzt sollte man in der Tat etwas erkennen, ohne etwas erkennen zu wollen, denn ein «Erkennen-Wollen» läßt sich offensichtlich mit «Ergebung» nicht vereinigen. Noch krasser ausgedrückt: Man sollte demnach denken, ohne durch das Denken etwas begreifen zu wollen. Ist so etwas möglich? Es ließe sich wohl verstehen, daß eine solche Erkenntnishaltung in der Tat ein Rückgängigmachen des Sündenfalls in der Erkenntnis bedeuten würde. Kann man aber voraussetzen, daß einem Erkenntnisse zufließen, wenn man sie überhaupt nicht sucht? Allerdings, es gibt Erkenntnisse, die man unwillkürlich, willenlos empfängt: in medialen Trancezuständen. Nur sind das dann Erkenntnisse, deren eigentliche Quellen kaum ausfindig gemacht werden können, deren Wahrheitsgehalt zunächst ungewiß ist und die sich einer denkenden Durchdringung meist überhaupt widersetzen. Bei wirklichem Erkennen kann es sich nicht um «Ergebung» im Sinne von Aufgeben des wachen Bewußtseins handeln. Der Pfad der Umwandlung der Denktätigkeit, den wir verfolgen, kann nicht in eine Verleugnung allen Denkens einmünden.

Wie kann also die Forderung der «Ergebung in den Weltenlauf» im wachen denkenden Erkennen erfüllt werden? Es gibt eine besondere Art von Denken, bei der man in der Tat nichts begreifen oder ergründen will, sich keinerlei Erkenntnisziele vorsetzt, und doch auch Erkenntnisse erlangen kann. Das ist die *Meditation.* In der Meditation befaßt man sich mit einem bestimmten Gedanken, aber nicht, um denkend etwas verstehen zu lernen, nicht, um neue Gedankenzusammenhänge zu entdecken. Man gibt sich nur, in Abgezogenheit von allem anderen, diesem einen Gedanken hin, versenkt sich in ihn, läßt ihn in ehrfurchtsvoller, liebevoller Offenheit zu sich sprechen – und zunächst nichts weiter als das. Man erwartet keinen Gewinn, keinen Lohn für seine Mühe, sondern freut sich über das Dasein dieses einzigen Gedankeninhalts. Von sich aus will man also zu keinerlei Erkenntnissen gelangen. Aber indem der Gedanke bei wiederholter Meditation immer geistrealer wird, kann er unter Umständen schließlich zu einem Tor in die übersinnliche Welt werden und das Auftauchen von geistigen Offenbarungen vermitteln. Wohlgemerkt: von Offenbarungen, die nicht erstrebt, nicht ersehnt wurden, sondern die sich aus der geistigen Welt als Gnadengeschenk herabsenken, als beglückende Antwort auf eine Denkbemühung, die nicht zu irgendwelchen Aufschlüssen gelangen wollte.

So entsteht die Meditation aus Entsagung, aus einem Erkenntnisopfer, aus einem Nicht-Erkennen-Wollen im irdisch-menschlichen Sinn. Dadurch ist sie diejenige Denkaktivität, die den erkennenden Menschen dem Bereich der Sünde entringt und ihn seiner ursprünglichen göttlichen Berufung zurückgibt. Das Denken hört auf, als Mittel zum Begreifen der Welt benützt zu werden, und verwandelt sich in reine Opfertätigkeit, in *Selbsthingabe.* Der Mensch gibt sich denkend in Ehrfurcht und Liebe der geistigen Welt hin. Damit ist *die vierte, die höchste Stufe des michaelischen Denkweges* erreicht.

Auf dieser Stufe kann der Mensch, eben weil er sein Denken als Opfer darbringt, sich im Denken in Einheit mit der geistigen Welt erfühlen. Er wird von einem Strahl aus der himmlischen Zukunft der Menschheit berührt, von deren Einstieg in den Opferreigen der göttlichen Schöpferwesen:

«Hingegeben an das Allwalten des ihn umgebenden Weltendaseins, des kosmischen Daseins, kann er leben dasjenige, was durch ihn ausgeführt wird in dem großen Tempel des Kosmos, als Transsubstantiation, indem er opfernd darinnen steht in rein geistiger Art. Was sonst nur abstrakte Erkenntnis wäre, wird zu einem fühlenden und wollenden Verhältnis zur Welt. Die Welt wird zum Tempel, die Welt wird zum Gotteshaus. Der erkennende Mensch, sich aufraffend im Fühlen und Wollen, er wird zum opfernden Wesen. Das Grundverhältnis des Menschen zur Welt steigt auf vom Erkennen zum Weltenkultus, zum kosmischen Kultus.»[49]

In dieser Erkenntnis-Entsagung, die das Tor zu höherer Erkenntnis werden kann, erreicht das Denken das Ziel seiner menschheitlichen Mission. Es hat den Menschen zum Einzelwesen, zum freien Ich gemacht; nun gibt es ihn der Geistwelt zurück. Durch Luzifer kam der Mensch zu sich selber. Aber durch Luzifer kann er auch denkend bis zu Christus hingeführt werden. Und je näher er zum Ziel kommt, desto deutlicher weiß er, daß Christus von allem Anfang an bei seiner Wanderung zugegen war und daß Luzifer immer mehr zu einem Helfer Christi wurde. Als Spender des Selbstsinns, als stolzer Fürst der Selbstverherrlichung tritt er immer mehr zurück. Und schließlich, auf der letzten Stufe der Denkumwandlung, im

Erkenntnisopfer, entschwindet er vollends, und nur noch Christus steht vor dem Menschen, als Hoherpriester des Erdenäons, der sich selber ununterbrochen als Sühneopfer darbringt, stellvertretend für die Menschheit, solange diese zur Selbsthingabe noch nicht reif ist. Indem der Mensch den Christus findet, findet er in ihm und durch ihn auch den verlorenen Zugang zum jubelnden Gottesopferdienst der Engelchöre. «Anthroposophie ist ein Erkenntnisweg, der das Geistige im Menschenwesen zum Geistigen im Weltenall führen möchte.»[50] Und indem der Mensch sein Denken dem Geistesall hingibt und es so, an der Schwelle der höheren Welt stehend, in die Michael-Sphäre zurückströmen läßt, kann auch die Anthroposophie ihre Erdenmission als ihrer Erfüllung entgegengehend sehen. Rudolf Steiner fügt zu den zitierten Worten noch diese hinzu:

«Daß all das, was unser Verhältnis zur Welt ist, zunächst sich als kosmischer Kultus erkennt im Menschen, das ist der erste Anfang dessen, was geschehen muß, wenn Anthroposophie ihre Mission in der Welt vollziehen soll.»[51]

Was so auf der vierten Stufe der Denkvertiefung vollführt und erfahren wird, nennt Steiner die «geistige Kommunion der Menschheit». Nun zitierten wir allerdings am Schluß des Kapitels über die «erste Stufe», also über das sinnlichkeitsfreie Denken, ähnliche Worte Steiners aus seiner vor-geisteswissenschaftlichen Zeit: «Das Gewahrwerden der Idee in der Wirklichkeit ist die wahre Kommunion des

Menschen.» Die wahre Kommunion: also die wahre Einswerdung mit dem Geist. Das war damals die Frucht der ersten Geist-Enthüllung Steiners. Er zeigte, daß der Geist nicht etwas Jenseitiges, Unergründliches, Unfaßbares ist, sondern im Denken, durch Denkbeobachtung, real erlebt werden kann. In diesem Sinn wurde der Geist schon damals der Menschheit neu wiedergegeben.

Aber wir sahen auch, welch langer Weg es war, der von jener schlichten ersten Stufe der Geistbegegnung bis zu der Stufe des kultischen Verkehrs mit der Geistwelt führte. Erst mußten die reinen Gedanken zur Ehrfurchtsschale geformt werden, um höhere Weltentatsachen in sich aufnehmen zu können. Dann mußten sie zur Liebesschale werden, um die moralische Weltordnung in ersten Andeutungen in sich fassen zu können. Schließlich mußten sie zur Opferschale werden, damit der Mensch in Denk-Versenkung in den Opfergesang der himmlischen Heerscharen einstimmen konnte. Und nun, auf dieser allerletzten Stufe, wo der Mensch nicht nur «denken» sollte, sondern denkend sein Menschtum hingeben, jetzt fiel wiederum das Wort von der «geistigen Kommunion». Dasselbe Wort, und doch mit geändertem, geistverklärtem Gehalt. Anders, viel gewichtiger, viel verantwortungsvoller als einst. Jetzt war es die Kommunion im Geiste als das höchste für den Menschen auf Erden Erreichbare, als Vorschau des Erdenzieles, als Erfüllung göttlicher Absichten, als Erlebnis der allmählichen Wandlung Luzifers und seiner Vereinigung mit Christus. Welche Fülle von Erlebnismöglichkeiten im Erkenntnisstreben!

Und doch ruht all das schon als Keim in der Erfahrung der ersten Stufe. Als Steiner zum erstenmal die Worte von der ideellen Kommunion niederschrieb, waren sie für ihn schon vollgültige Erfahrung, bedeuteten sie für ihn schon den möglichen Zugang zu allen Höhen und Tiefen des Geistes. Nicht nur für ihn persönlich. Indem er sie niederschrieb, wurden sie Verheißung für alle, die sie lesen würden und sie bewahrheiten wollten. Sowie man sich klarmachte, daß man in der Idee mit dem schaffenden Geist der Welt Kontakt aufnehmen kann, stand man ja schon vor einer offenen Tür, hatte man ja schon den Anfang des Weges betreten, und nichts wehrte dem Eintritt in die Geistwelt. Es war, wie wenn man mit einem Menschen bekannt gemacht wird: Noch weiß man kaum etwas von ihm, aber man hat die Möglichkeit, ihn immer gründlicher kennenzulernen.

So kann man schon auf der ersten Stufe den Geist als Geist erleben. Und die geistige Kommunion vertieft und bereichert sich dann von Stufe zu Stufe. Man erfährt immer tiefere Schichten der geistigen Realität, man wird «von Klarheit zu Klarheit» geführt, wie Paulus sagt. Auf der ersten Stufe erlebt man die erste Geistberührung. Auf der letzten tritt man selber ein in das allwaltende Leben der göttlichen Welt. Alle diese Stufen wurden von Rudolf Steiner entdeckt, erkämpft und aufgezeigt. Sie bilden die neue Gedankenströmung, einen Bestandteil des Erkenntnisweges, der «das Geistige im Menschenwesen zum Geistigen im Weltenall» führen kann.

«Alle Gedanken, die wir uns machen über das, was ersterbend in der gewöhnlichen Naturerkenntnis ist, sind Spiegelgedanken, sind keine Wirklichkeiten. Die Gedanken, die wir aufnehmen aus der Geistesforschung, werden belebt in Imagination, Inspiration, Intuition. Nehmen wir sie auf, dann sind sie selbständig im Erdenleben existierende Gebilde.

Von diesen schöpferischen Gedanken konnte ich einstmals ... sagen: Dieses Denken stellt dar die geistige Form des Kommunizierens der Menschheit. Denn indem der Mensch sich überläßt seinen Spiegelgedanken über die äußere Natur, wiederholt er nur die Vergangenheit, lebt er in Leichnamen des Göttlichen. Indem er seine Gedanken selber belebt, verbindet er sich durch seine eigene Wesenheit, kommunizierend, die Kommunion empfangend, mit dem die Welt durchdringenden, ihre Zukunft sichernden Göttlich-Geistigen.

So ist spirituelle Erkenntnis eine wirkliche Kommunion, der Beginn eines der Menschheit der Gegenwart gemäßen kosmischen Kultus.»[52]

# 8.
# AUSKLANG: ÜBER EINIGE KONSEQUENZEN DES DARGESTELLTEN

Vor einiger Zeit kam es zu einer anthroposophischen Auseinandersetzung über die Frage, ob es ein «anthroposophisches Menschenbild» gebe. Versteht man darunter einen einheitlichen Menschentypus und die Verpflichtung, diesem Idealtypus zu entsprechen, dann kann man diese Frage eindeutig verneinen, und zwar mit dem Hinweis darauf, daß ein präfabriziertes Ideal, dem man zustreben sollte, mit dem Prinzip der inneren Freiheit nicht vereinbar ist und daß ja die Anthroposophie sich ausschließlich an freie Individualitäten wenden will; sie kann auch von jedem Menschen auf individuelle Weise aufgenommen, seelisch verarbeitet und persönlich angeeignet werden. Es ist kein Grund vorhanden, warum die Individualität mit allen ihren Merkmalen nicht auch bei dem Sich-Einleben in die Anthroposophie erhalten bleiben soll. Man kann sogar sagen: Je ernster sich ein Mensch mit der Anthroposophie beschäftigt, desto individueller wird sein Zugang sein.

Nehmen wir als konkretes Beispiel verschiedene Möglichkeiten, an den Begriff «Ätherleib», dem jemand bei der Lektüre des Buches *Theosophie* begegnet, heranzutreten. Die Aneignung des Begriffes kann unter Umständen so vor sich gehen, daß der Mensch rein aufgrund der in diesem Buch angeführten Charakteristik einfach an die Existenz des Ätherleibes «glaubt». Man kann es ihm gewiß nicht verübeln, nur sollte man auch wissen, daß der Begriff in diesem Falle sehr schattenhaft bleibt und dem Menschen kaum viel Nutzen bringen wird. – Eine andere Möglichkeit wäre die, daß der Mensch – im Sinne der «Einleitung» zur *Theosophie* – sein eigenes Wahrheitsgefühl befragt; er wird vielleicht die Stimmung festzuhalten versuchen, die in ihm durch die Annahme eines unsichtbaren, das Leben bedingenden Wesensgliedes hervorgerufen wurde, und wird nach der Würde und Schönheit eines solchen Gefühls fragen; auch das ist einer der möglichen Wege. – Es kann auch der Fall eintreten, daß der Leser sich an die ebenfalls in der «Einleitung» zur *Theosophie* enthaltene Weisung hält: «Man stelle sich nur einmal auf den Standpunkt der Frage: Gibt es eine befriedigende Erklärung des Lebens, wenn die Dinge wahr sind, die da behauptet werden? Und man wird finden, daß das Leben eines jeden Menschen die Bestätigung liefert.» Der Mensch wird also im Sinne dieser Weisung über die Erscheinungen von Leben und Tod, wie sie ihm bisher bekannt geworden sind, nachsinnen und fragen, ob der Begriff des Ätherleibes irgendwie zu ihrem Verständnis beitragen kann. In diesem Fall wird der

Begriff des Ätherleibes für den Menschen wahrscheinlich schon etwas greifbarer erscheinen. – Der Mensch kann aber auch die Wirksamkeit des eigenen Ätherleibes bei erlebten Schädigungen seines physischen Körpers beobachten und prüfen – bei der Heilung von Verletzungen, von Knochenbrüchen oder Operationswunden. – Wenn er mehr denkerisch veranlagt ist, wird er sich um einen möglichst klaren Begriff des Ätherleibes bemühen; vielleicht wird er sich über Lebensprozesse aufzuklären versuchen – über den Aufbau und Abbau von Zellen, über die wechselseitigen Abhängigkeiten verschiedener Organfunktionen, vielleicht auch über zeitliche Rhythmen der Lebensvorgänge. Das bringt ihm mannigfaltigere und konkretere Vorstellungen über die Wirksamkeit des Ätherleibes, natürlich auch viele neue zu lösende Fragen, was aber jedenfalls gut, nützlich für das Erkenntnisstreben sein kann. – Nun kann der Mensch freilich auch einen ganz anderen Weg gehen, nämlich verfolgen, was die Geisteswissenschaft noch anderswo über den Ätherleib aussagt, diese Aussagen dann sammeln, zusammenstellen und sich daraus eine umfassendere, reichhaltigere Vorstellung bilden. Dadurch kann man begreiflicherweise mehr gewinnen als durch die anderen bisher aufgezählten Versuche; man erfährt zum Beispiel, daß der Ätherleib sich beim Kind erst allmählich verkörpert und daß seine organbildenden Kräfte sich später in Denkkräfte wandeln; und man kann dann auch anhand erzieherischer Aufgaben die

Nützlichkeit der Annahme eines Ätherleibes prüfen. Wieder ganz andere Möglichkeiten der Prüfung können sich ergeben, wenn man den Ätherleib als Bewahrer der Erinnerungen oder als Sitz der Temperamentseigenschaften betrachtet. – Allgemein kann man sagen, daß es für jeden anthroposophischen Begriff sehr verschiedene Möglichkeiten einer Aneignung gibt; keine kann dem Menschen vorgeschrieben werden, und jede kann individuell, ganz aus der persönlichen Lebenssituation, aus persönlichen Neigungen und Erfahrungen ergriffen werden.

Ist es nun denkbar, daß irgendeine dieser Aneignungsformen den Menschen in seinen individuellen Äußerungen, in seinem Charakter, in seinem Temperament, in seinen Lebensgewohnheiten und so weiter maßgebend beeinflussen könnte? Oder genauer: Könnte sie ihn – bewußt oder unbewußt – einem einheitlichen Menschenideal näherrücken? Gewiß nicht. Der Mensch, der sich mit Anthroposophie befaßt, bleibt im tiefsten Sinn er selber. Sein Freiheitsbewußtsein kann nicht beeinträchtigt, höchstens gestärkt werden. –

Und doch kann man die Frage nach einem «anthroposophischen Menschenbild» noch von einem anderen Gesichtspunkt stellen und dadurch zu einem wesentlich anderen Ergebnis kommen. Die Anthroposophie ist ja nicht in erster Linie eine Weltanschauung, ein Begriffssystem, sie ist in erster Linie ein *Weg:* «ein Erkenntnisweg, der das Geistige im Menschenwesen zum Geistigen im Weltenall führen möchte». Sich mit der Anthroposophie verbinden heißt also mehr als sich bestimmte Begriffe aneignen, es heißt *sich mit einem Weg verbinden.* Gewiß, man ist frei, man kann sich auch *nur* mit anthroposophischen *Gedanken* beschäftigen, man kann sie dabei tief-ehrlich am Leben prüfen, sogar im Leben anwenden, man kann dann auch alles, was Steiner sagt, ernstgläubig hinnehmen, man kann mitunter auch Mitglied der Anthroposophischen Gesellschaft werden; trotzdem wird man durch all das noch nicht im echten Sinn des Wortes zum – Anthroposophen. Wie wird man also zum Anthroposophen? Die Anthroposophie ist ein Weg, das heißt, sie ist Bewegung, manchmal äußert sie sich sogar als recht stürmische innere Bewegung. Sich mit der Anthroposophie verbinden heißt sich mit dieser wesenhaften Bewegung verbinden. Denken wir jetzt nur etwa an denjenigen Aspekt dieses Bewegungsgeschehens, der in diesem Buche beschrieben wird: der innere Weg, durch dessen Betreten Gefühl und Wille zu Erkenntniskräften werden. Das allein bedeutet ja schon eine erschütternde Änderung im Verhältnis von Mensch und Welt, eine durchgreifende Wandlung des Seelenlebens. Und man kann diesen Weg-Charakter der Anthroposophie nie wirklich begreifen, wenn man nur ein Zuschauer außerhalb des Weges bleibt. Man kann die Anthroposophie nicht begreifen, ohne sie in sich zu verwirklichen zu versuchen. Damit soll nicht gesagt werden, daß man als Anthroposoph gleich gewisse Resultate höherer Erkenntnis, also etwa

Imagination, Inspiration, Intuition aufweisen müßte; der Weg fängt ja nicht mit diesen Resultaten an. Man muß sie auch gar nicht bewußt anstreben. Der Weg fängt wohl meistens sehr unauffällig an, etwa damit, daß der Mensch über einem Buch zu fühlen beginnt, daß er so, wie er ist, den anthroposophischen Gedanken nicht ganz gewachsen ist. Er fühlt sich von ihnen zwar angezogen, aber zugleich merkt er, daß er nicht ganz in ihr Reich einsteigen kann, daß er – aus irgendeinem Grunde – außerhalb bleibt. Er entschließt sich, sich mit ihnen intensiver zu befassen. Und eben dieser Entschluß ist schon der leise Beginn einer wirklichen Arbeit an sich, ein vom Menschen selber kaum bemerktes Betreten eines Pfades. Dieses Betreten kann selbstverständlich auch anders verlaufen, es kann die allerverschiedensten Formen annehmen. Ebenso wird der Zeitpunkt, von dem an ein Mensch anfängt, den Weg *mit Bewußtsein* weiterzuverfolgen, das heißt, wo er sich schon die Frage vorlegt: «Wie sollte ich an mir arbeiten?», ganz individuell sein. Wesentlich ist, daß das Bekenntnis zur Anthroposophie notwendigerweise ein Bekenntnis zu einem *Weg* ist.

Wir greifen noch einmal auf das Beispiel des Ätherleibes zurück. Vielleicht ist es dem Leser aufgefallen, daß alle in diesem Kapitel vorhin charakterisierten Versuche, sich nicht mit einer bloßen Lektüre der *Theosophie* zu begnügen, sondern sich über den Begriff des Ätherleibes größere Klarheit zu verschaffen, andere Wege eingeschlagen haben als denjenigen, dem dieses Buch gewidmet ist. Vielleicht hat der Leser dann auch bemerkt, daß alle durch jene Versuche gewonnenen Begriffe schließlich doch nur im Intellektuellen, im Kopfbereich hängengeblieben sind. Nun ist das zunächst überhaupt kein Fehler, denn in den meisten Fällen fängt die denkerische Verarbeitung der Anthroposophie eben doch mehr oder weniger mit solchen intellektuellen Fragestellungen an – wobei der Mensch wohl merkt, daß die Anthroposophie auch für den Intellekt eine brauchbarere Welterklärung liefert als die üblichen Wissenschaften. Aber dem auf diese Weise gewonnenen Begriff des Ätherleibes fehlt jedesmal etwas sehr Wesentliches: das Leben. Er bleibt unbeweglich, unbiegsam, nicht aufnahmefähig für weitere Aspekte, vor allem nicht wirklich aufnahmefähig für den grundlegenden zeitlichen Aspekt der Wirksamkeit der Lebenskräfte, der gerade in der *Theosophie* eindeutig zur Geltung kommt: der Ätherleib als Auslöser des Wachstums und der Fortpflanzung. Gerade dieser zeitliche Aspekt sollte den Leser der *Theosophie* aufmerken lassen; er müßte sich eigentlich an dieser Stelle sagen, daß die üblichen Begriffe, mit denen er umgeht, überhaupt nicht imstande sind, das Phänomen des Werdens, der zeitlichen Wandlung zu erfassen. So müßte er jetzt eigentlich innehalten und zunächst etwas wie eine Ohnmacht seines Denkens und die Notwendigkeit und zugleich den Ernst des Eintritts in eine tiefgründig-neue Gedankenwelt empfinden. In diesem Augenblick müßte auch ein Hauch von Ehrfurcht vor dieser unbekannten Gedankenwelt sein Inneres durchwehen und sein Denken berühren, zunächst vielleicht nur eine Art Verunsicherung in ihm bewirkend. Aber die Ehrfurcht sollte dazu führen, daß sich der Mensch nun bemüht, genauere bildhafte Vorstellungen über Wachstum, das heißt über den Kreislauf vom Samen über die voll entfaltete Pflanze wieder zum Samen, und über Fortpflanzung, über die unendliche Reihe Keim – voll entwickeltes Wesen – Keim – voll entwickeltes Wesen, zu bilden. Dadurch bekommt der Begriff des Ätherleibes bereits eine erste Andeutung von Beweglichkeit. Wird der Leser der *Theosophie* nun energisch weiterstreben wollen, so wird er durch die Logik der Sache selber dazu geführt, sich zum Beispiel mit dem Goetheschen Typusbegriff zu befassen; oder er wird über Entwicklung, Konsistenz, Form und Funktion der verschiedenen menschlichen inneren Organe nachsinnen und im Zusammenhang damit dem anthroposophischen Gedanken begegnen, daß der Ätherleib Vermittler verschiedener Planetenwirksamkeiten ist. So wird er plötzlich vor dem geheimnisvollen Zusammenhang des menschlichen Organismus mit dem Kosmos stehen. Das sollte ihn dann schon «wie von selbst» auf die Ehrfurchtsstufe des Denkens bringen und dadurch in das Gebiet des «michaelischen» Denkens. Immer steht es dabei dem Menschen frei, das Fortschreiten abzubrechen. Aber ein fortlaufendes Eindringen in die Anthroposophie, sofern es ernst und aufrichtig ist, wird den Menschen zu immer weiterer

Wandlungsarbeit anregen. Die Anthroposophie ist ein Weg, und der Mensch wird durch die Anthroposophie innerlich immer deutlicher zu einem «Wanderer» werden, zu jemandem, der innerlich heimatlos geworden ist, um seine geistige Heimat zu suchen und zu finden.

Das ist natürlich schon etwas, was zu einem «Menschenbild» gehört – ein erstes gemeinsames Merkmal aller derer, die sich mit dem Wesen der Anthroposophie verbunden haben. Nur ist das «Auf-einem-Weg-Sein» ein Wesenszug, den wiederum nicht nur Anthroposophen für sich in Anspruch nehmen dürfen, denn es gibt ja sehr viele Menschen verschiedener Geistesrichtungen, die mit Hingabe an ihrem inneren Fortschritt arbeiten. Was die Anthroposophie – und eben nur die Anthroposophie – auszeichnet, ist, daß sie ein *Erkenntnis*-Weg ist. Die inneren Wandlungsschritte, die man als Anthroposoph anstrebt und durchmacht, äußern sich deshalb in erster Linie im Erkenntnisleben. Unser Beispiel wollte verständlich machen, wie man in der Auseinandersetzung mit anthroposophischen Mitteilungen auf natürliche Weise – einzig und allein durch das Verstehenwollen – dazu kommt, neue Qualitäten des Denkens zu entwickeln. Diese Arbeit am Denken sollte zunächst auf die Stufe des *reinen Denkens* führen. Das geschieht aber nicht immer, auch nicht immer bewußt und nicht immer konsequent. Die Aneignung der Fähigkeit, sinnlichkeitsfrei zu denken, könnte also zwar als ein weiteres charakteristisches

Merkmal des anthroposophischen Menschenbildes anerkannt werden, aber einerseits ist sie nicht immer ausgebildet, andererseits ist sie auch an der Art, wie der Mensch seine Gedanken äußert, nicht leicht von außen zu erkennen. Sie ist eher eine verborgene Seelenqualität, die an der Oberfläche und im sozialen Bereich kaum zur Geltung kommt. Sprechen wir dagegen vom «Menschenbild», meinen wir unwillkürlich etwas, was sich auch nach außen zu erkennen gibt. Wegen dieser Bedenken würden wir die Fähigkeit des reinen Denkens wahrscheinlich doch nicht zum «anthroposophischen Menschenbild» rechnen.

Anders verhält es sich mit der zweiten Stufe der Durchgeistigung des Denkens. *Die Durchdringung des Denkens mit Ehrfurcht* ist eine eminent soziale Qualität des Seelenlebens; jedenfalls sollte sie die Verhaltensweise des Menschen zu seinen Mitmenschen ändern. Und sie läßt sich auch an den Äußerungen des Menschen, an der Art, wie er Gedanken mit Gedanken verknüpft, wie er sie ausspricht, ablesen. Man könnte deshalb gerade diese Fähigkeit als bestimmendes Charakteristikum eines «anthroposophischen Menschenbildes» bezeichnen. Das bedeutet nicht, daß der Mensch durch diese Fähigkeit gleich auf den ersten Blick zu einem anderen wird. Auch hier handelt es sich um sehr intime neue Wesenszüge. Seine Temperamentsanlage wird durch diese Denkverwandlung zunächst überhaupt nicht betroffen; im besten Fall kann man damit rechnen, daß sein Charakter dadurch einen neuen Akzent bekommt, einen

Akzent, der zugleich das Betreten eines inneren Weges, den Beginn einer Schülerschaft andeutet. Aber für einen differenziert wahrnehmenden Gedankensinn sollte diese Änderung wahrnehmbar sein. So sollte sie *der erste gemeinsame Wesenszug aller Anthroposophen* sein.

Der erste gemeinsame Wesenszug: Gibt es also doch ein allgemein gültiges «anthroposophisches Menschenbild»? In diesem Sinne – ja. Aber dann ist der Mensch als Anthroposoph doch nicht ganz «frei»? Er ist frei. Wir müssen im Auge behalten, daß er ja nicht deshalb Ehrfurcht in seine Gedankenbildung einflicht, weil es irgendeinem von außen ihm vorgezeichneten Ideal entspricht, dem er nachzustreben hätte. Er will nichts anderes als geistige Inhalte in sein Erkennen, in sein Verständnis aufnehmen; und die Umwandlung des Denkens ist das notwendige Mittel dazu. Durch die Anwendung dieses Mittels wird er ebensowenig unfrei wie jemand, der einen Hammer braucht, um einen Nagel in ein Brett einzuschlagen. Ebenso sind alle die – wie jemand meinen möchte – «moralisierenden» Ratschläge des Buches *Wie erlangt man Erkenntnisse der höheren Welten?* durchaus nicht als Weg zur Erreichung eines bestimmten moralischen Ideals gedacht, sie sind keine sittlichen Normen, sondern einzig und allein Hinweise auf notwendige Verrichtungen, durch die man zu einer Belebung geistiger Wahrnehmungsorgane gelangt. Selbstverständlich verleiht derjenige, der diese Ratschläge befolgt, seinem Menschenbild gewisse charakteristische Züge; je länger er sich bemüht, desto deutlicher. Aber seine Freiheit wird damit ebensowenig beeinträchtigt wie etwa durch Entwicklung von Menschenliebe oder Menschenverständnis. Es handelt sich auch auf dem eigentlichen anthroposophischen Schulungsweg um eine Anerziehung allgemeiner Tugenden und innerer Befähigungen, welche die innere Freiheit nicht nur nicht stören, sondern sie im wahrsten Sinne des Wortes erst begründen; denn sie lösen Verkrampfungen, heben Abhängigkeiten auf, sie machen den Weg frei für den «inneren Herrscher», für das wahre Ich des Menschen. Sie sind eben deshalb die charakteristischen Merkmale eines wirklich freien Menschen. Und dasselbe gilt auch für die Fähigkeit eines von Ehrfurcht durchdrungenen Denkens.

Aber – haben Anthroposophen wirklich diese Fähigkeit? Gibt es überhaupt solche, die sie haben? Gewiß, es gibt solche; zum Beispiel unter anthroposophischen Lehrern oder Mitarbeitern von Dorfgemeinschaften für seelenpflegebedürftige Kinder und Jugendliche, also unter Menschen, die schon durch ihre Berufsausrichtung dazu angeregt werden, weniger kritisch und mehr positiv über ihre Umgebung zu urteilen. Es läßt sich verstehen, daß Positivität ganz sicher die Entfaltung von Verehrungskräften begünstigt.

Und wie steht es um diese Denkstufe bei den anderen sich ernsthaft mit Anthroposophie befassenden Menschen? Schon im ersten Kapitel dieses Buches wurde erwähnt, daß es sich bei der Wandlungsarbeit am Denken um ein viel zu wenig wahrgenommenes Vermächtnis Steiners handelt. Und wenn es auch zahlreiche Anthroposophen gibt, die «damit beginnen, daß sie die Devotion in ihr Gedankenleben aufnehmen», bleibt diese Art von Gedankenbildung meist auch bei ihnen nur auf das Studium anthroposophischer Texte beschränkt. Warum?

Es scheint nicht leicht zu sein, für das neue Denken eine Brücke vom Studium zum Leben mit anderen Menschen zu schlagen. Jedenfalls braucht man für einen solchen Übergang von innen nach außen zweierlei: zunächst die Fähigkeit, selber seine Gedanken ehrfurchtsvoll, geistoffen zu bilden, sodann aber auch das Vermögen, im Zusammenleben mit anderen Menschen diese Gedanken in die logische Begriffsführung und Ausdrucksweise unseres Zeitalters überführen zu können. Dabei entsteht jedesmal die Versuchung, doch lieber das eigene Weltverständnis nur für sich zu behalten, es sozusagen in der eigenen Seele zu vergraben, und sich nach außen in allgemein anerkannten Gedankenverknüpfungen zu bewegen. Das «anthroposophische Menschenbild» kann so überhaupt nicht zum Vorschein kommen. Und die Anthroposophie wird von der übrigen Menschenwelt abgeschlossen und verliert die Möglichkeit, befruchtend, inspirierend und heilend auf die Umgebung zu wirken.

Vor allem zeigt sich diese Gefahr bei verschiedenen Formen eines öffentlichen Eintretens für die

Anthroposophie. Auch da ist es wichtig, die ehrfurchtsvoll erarbeiteten anthroposophischen Erkenntnisse der Denkweise der Zuhörer anzupassen und anzunähern, ohne sich selber – was viel einfacher wäre – gänzlich in das bequem zugängliche Gebiet des Kopfdenkens zu begeben und von da aus zu versuchen, anthroposophische Erkenntnisresultate anderen Menschen plausibel zu machen. Dabei kann die Anthroposophie als attraktives Begriffssystem, als vorteilhafte Welterklärung vor die Menschen hingestellt, durch eine Fülle historischer oder anderer Tatsachen belegt und durch geradlinige Kopflogik scheinbar bewiesen werden. Aber man redet dann vor den Zuhörern, ohne in seinem Denken selber mit dem Geist verbunden zu sein; und diejenigen, die gekommen sind, weil sie den lebendigen Geist suchten, weil sie Geistberührung erhofften, gehen unbefriedigt wieder weg. Das lebendige Wesen der Anthroposophie – um das es in Wirklichkeit immer geht – hat bei dieser Einstellung keine Chance sich zu offenbaren.

Die Unfähigkeit, das eigene ehrfurchtsvolle Gedankenbilden auch sozial zu betätigen, zeigt sich besonders markant dort, wo überhaupt keine Notwendigkeit besteht, es in ein intellektuell-kopfmäßiges Denken umzusetzen: in Auseinandersetzungen, die Anthroposophen untereinander führen. Sind solche Auseinandersetzungen nötig? Soll es sie überhaupt geben? Ja – warum denn nicht? Sie können nützlich sein und viel zur Klärung immer neu auftauchender

Probleme beitragen. Ehrfurcht schließt ja Kritik durchaus nicht aus. Nur kann man doch darauf bedacht sein, daß Ehrfurcht jeder Kritik vorangehen sollte: Um Luzifer oder Ahriman zu verstehen, muß man sich ihnen zunächst mit verehrenden Gedanken nahen, denn es sind ja hoch über uns stehende Wesenheiten. Erst mit der auf diese Weise gewonnenen Erkenntnis kann man sinnvoll auch die Frage stellen, wann und auf welchen Gebieten sie die Entwicklung des Menschen hindern. Dann kann man sich ihren Einflüssen auch energisch entgegenstellen. Ehrfurcht schließt also Kritik nicht aus. Sie nötigt auch prinzipiell überhaupt nicht dazu, sein Urteil zu verbergen oder sich gar mit geheuchelter Höflichkeit auszudrücken. Wesentlich ist jedoch, daß man die Gedanken des anderen nicht nur logisch zu widerlegen sucht, sondern sich bemüht, sie in ihrer Geistwirklichkeit zu erleben, als geistige Wesen, die viel mehr beinhalten als eine abstrakt-logische Oberflächenbedeutung. Es ist für eine Verständigung nicht förderlich, wenn man in erster Linie fragt, ob diese Gedanken logisch anfechtbar sind oder nicht, ob sie im Einklang mit Steiners Mitteilungen stehen, ob sie gerade jetzt der anthroposophischen Sache förderlich sind. Das alles kann ja in zweiter Linie auch erwogen werden. Aber zunächst sollte man fragen: Welche geistig-moralische Substanz enthalten diese Gedanken? Sind es – an sich – heilsame Gedanken? Welche neue geistige Botschaft bringen sie? Wie lassen sie sich mit anderen Gedanken verbinden? Das sind alles Fragestellungen, die große persönliche Verantwortung erfordern und dabei einer Argumentation viel weniger Schlagkraft verleihen als ein strikt logisches, von jedem nachvollziehbares Vorgehen. Aber sie ermöglichen, daß man die Ebene des geistoffenen Denkens nicht verläßt. Und indem man die Geistoffenheit des Denkens wahrt, kann auch das Bewußtsein lebendig bleiben, daß jede tiefere, im Geist verankerte Wahrheit erst im Zusammenklang verschiedener, vor allem entgegengesetzter Gesichtspunkte aufleuchten kann. So kann man eine Geistauseinandersetzung führen, «umgürtet an den Hüften mit der Kraft der Wahrheit».

So wie die Art der Gedankenbildung, die mit der Anthroposophie in die Welt gekommen ist, etwas Neues und Ungewohntes, wenn nicht Befremdendes ist, so stellt auch ihre bewußte Anwendung, wie wir sie eben zu charakterisieren versuchten – diese Art von Gedankenaustausch in gemeinsamer Wahrheitssuche von verschiedenen Gesichtspunkten aus –, etwas Neues und Ungewohntes in der bisherigen Geistesgeschichte dar. Man könnte eine in dieser Richtung verlaufende Auseinandersetzung auch als moderne Verchristlichung oder anthroposophische Umformung ursprünglich kämpferischer Mars-Impulse bezeichnen.

Dagegen mag man einwenden, daß ein solches gemeinsames gedankliches Ringen ein praktisch kaum zu verwirklichendes Ideal darstellt. Das stimmt. Es ist ein Ideal. Aber ist es nicht gut, ab und zu auch über solche nicht ganz erreichbare Möglichkeiten nachzusinnen, wenn es sich darum handelt, «Anthroposophie ins Leben zu tragen»? –

Nun kann es auch geschehen, daß wir in einer etwas anderen Art aufgerufen werden, die Brücke für die eigenen geisterfüllten Gedanken in den sozialen Bereich hinein zu schlagen. Es kann der Fall eintreten, daß wir nicht nur den Ansichten eines anderen entgegenzutreten haben, sondern seiner Handlungsweise, seinen – nach unserer Überzeugung – nicht richtigen Taten. Jetzt wenden sich nicht nur Gedanken gegen Gedanken, jetzt stehen wir einem Menschen gegenüber als einem nicht nur denkenden, sondern auch handelnden Wesen. (Wir haben jetzt nicht die unzähligen möglichen Fehlgriffe im Sinne, zu denen es im Berufsleben oder auf anderen Gebieten einer rein äußerlichen Praxis kommen kann, sondern Handlungen, die in der einen oder anderen Weise Ausdruck einer menschlichen Persönlichkeit sind; insbesondere können da zum Beispiel Handlungen in Betracht kommen, durch die ein Mensch aus seiner Überzeugung heraus, um der anthroposophischen Sache zu helfen, in irgendeiner Richtung in den Verlauf des anthroposophischen Lebens eingreift.) Wie wird sich unser kritisches Vorgehen gestalten, wenn wir dabei ein von Ehrfurcht geleitetes Denken walten lassen?

Es muß wohl betont werden, daß es bei einer solchen Überlegung nicht darum gehen kann, Richtlinien für eine bestimmte Verhaltensweise vorzuschlagen.

Die jeweilige Verhaltensweise muß ganz der Freiheit des Menschen anheimgestellt werden. Unsere Frage ist vielmehr: Wie kann das Denken so vertieft werden, daß aus ihm dann eine solche freie Verhaltensweise entspringen kann?

Auch hier ist natürlich wieder die Versuchung groß, dem anderen Menschen nur Argumente der üblichen Verstandeslogik entgegenzuhalten; denn so läßt sich viel eindeutiger die Unrichtigkeit eines Vorgehens begründen. Aber damit gibt man sofort die eigene Geistoffenheit auf. Welches werden also die Erkenntnisimpulse für einen – eventuell kritischen – Eingriff sein?

Wir sprachen im 6. Kapitel über den durch lebendiges Denken verwandelten Blick auf andere Menschen, über die Möglichkeit, in jedem Menschen das Bild Christi im Kampf mit Luzifer und Ahriman zu schauen. Wenn dieses Schauen jeder Kritik vorangeht, wird das Bewußtsein angefacht, daß eine Kritik nur dann Sinn hat, sofern sie dem höheren Ich des anderen dienend hilft, sich in seinem äußeren Tun stärker durchzusetzen, das heißt, sofern die Kritik das Bild Christi im anderen heller aufleuchten läßt. Es handelt sich also in erster Linie nicht darum aufzuzeigen, was im Tun des anderen «schlecht» ist, sondern in einer Art dienender Einstellung den Weg zu ebnen für das Wirken des höheren Ich im anderen. Auch hier müssen die schlicht-sachlichen Gesichtspunkte durchaus nicht außer acht gelassen werden. Aber das von Ehrfurcht getragene Denken wird sich immer scheuen, den anderen Menschen irgendwie an den Pranger zu stellen; es wird statt dessen immer versuchen, sich mit dem Christus in ihm zu verbünden, ganz ohne eigene Machtansprüche. Wieder könnten wir in diesem Fall von einer Verchristlichung der Kritik sprechen.

Und wieder könnte man sagen, das sei ein ungewohnter Zugang zu einer Auseinandersetzung mit anderen Menschen, und darauf hinweisen, daß es in der Tat ein praktisch schwer zu verwirklichendes anthroposophisches Ideal ist. Aber immerhin läßt sich diesmal dieses Ideal bis weit in die Vergangenheit verfolgen. Denn schon in den Evangelien werden uns zwei verschiedene Formen von kritischem Urteilen über andere Menschen vor Augen geführt: auf der einen Seite die Kritik von seiten der Pharisäer, die sich mit dem Gefühl eigener moralischer Überlegenheit gegen alles wenden, was gegen das Gesetz verstößt; auf der anderen Seite die Kritik Johannes des Täufers, der seine Zeitgenossen zwar in niederschmetternder Weise verurteilt, aber nur, um «dem Herrn die Wege zu bereiten». So sollte auch eine geistoffene anthroposophische Kritik mit vollster Ehrerbietung gegenüber dem höheren Wesen des anderen geführt werden, um ihm den Weg zu bereiten. Vielleicht könnte man sagen, in dieser Art von Kritik sei auch ein Fingerzeig auf ein «anthroposophisches Menschenbild» zu finden. –

Abschließend soll noch der Versuch gewagt werden, die Bedeutung des geistgemäß verwandelten

Denkens für eine *seelische Grundeinstellung* des Menschen zur Erdenwelt und zum gegenwärtigen Leben der Menschheit andeutungsweise darzustellen. Sicher könnte man in bezug auf eine solche «Grundeinstellung» berechtigterweise auch andere Möglichkeiten vertreten; wir wollen hier *einen* Gesichtspunkt herausgreifen, der uns besonders wichtig scheint.

Was tritt ein, wenn der Mensch, mit einer bittend geöffneten Erkenntnisschale im Innern, der Erdenwelt als solcher, als einer Ganzheit gegenübertritt? Es handelt sich also jetzt nicht um das innere Verhältnis zu irgendeiner Einzelerscheinung, sondern zu der Gesamtheit dessen, was ihn überhaupt umgibt, um eine Art Grundlebensgefühl. Was wird in diesem Fall in die Erkenntnisschale aufgenommen? Eigentlich müßte es das gesamte geistige Geschehen sein, das mit der Erdenwelt zusammenhängt, eine verwirrende Fülle. Aber innerhalb dieser ganzen Fülle leuchtet doch eines in größter Helligkeit auf: das Wichtigste, Zentrale, das Allerwesentlichste, was es heute in dem gesamten geistigen Erdengeschehen gibt. Was ist damit gemeint? Es mag für andere Zeiten etwas anderes gewesen sein, aber für die heutige Welterkenntnis ist es etwas ganz Bestimmtes. Was ist es, dieses Wichtigste im ganzen geistigen Bereich unserer Erde, das, wodurch sich unsere Zeit auch von allen früheren und von allen zukünftigen Erdenzeitaltern unterscheidet? Es ist das Ereignis des Herabsteigens des Christuswesens in die ätherische Umhüllung der

Erde und seine Wirksamkeit innerhalb dieser Hülle. Wenn wir nun die Erdenwelt als Schauplatz dieses Ereignisses betrachten, wenn wir fragen, inwiefern das, was sie an Naturprozessen beherbergt, eigentlich aufnahmefähig für dieses Ereignis, ihm angepaßt ist, wie muß sie uns erscheinen?

Sicher werden wir da vor allem anderen auf die grenzenlose Verödung alles irdischen Lebens als das charakteristischste Merkmal dieses Jahrhunderts blicken: Vergiftung von Erde, Wasser und Luft, dahinsiechende und rücksichtslos geplünderte Wälder, aussterbende Tierarten. Es wird heutzutage viel über diese Dinge gesprochen, es wird auch viel unternommen, um das Leben auf der Erde zu retten, und man muß sicher dankbar dafür sein. Aber unsere Überlegung soll nicht allgemeine Gedanken über ökologische Gefahren wiederholen, sondern eben von etwas ganz anderem ausgehen: von der Frage der Wiederkunft Christi. Versuchen wir uns klarzumachen: Auf der einen Seite naht Christus, umgeben von flutendem Leben, auf der anderen tritt ihm die Erde entgegen, ihm ein verpestetes, halbtotes Antlitz zuwendend. Aber fragen wir jetzt genauer: Woraus bestehen die wallenden Lebenswellen, in denen Christus zur Erde niedersteigt? Sie sind nichts anderes als eine Zusammenfassung vieler verschiedener Wesen. Aus den geistigen Höhen der Sonnensphäre begleiten ihn Engelwesenheiten verschiedener Ordnungen. In der Erdensphäre sind es Geister des irdischen Lebens, unzählige Elementargeister, also diejenigen Wesen, die auch das organische Leben auf der Erdoberfläche ununterbrochen aufrechterhalten. Das unheimliche weltweite Sterben auf der Erdoberfläche bedeutet zugleich ein Verschwinden dieser allbelebenden hilfreichen Wesen, man könnte auch sagen: ihr grausames Verdrängen aus dem Reich der irdischen Natur. Gerade diejenigen Wesen, die Träger der neuen Christusoffenbarung sein sollten, werden verjagt und auseinandergetrieben. Christus will sich der Erde im Ätherbereich nahen, aber er kann nicht voll aufgenommen werden. Denn als dunkle Antwort auf sein Kommen werden Elementarwesen aus weiten Gebieten der Erde gänzlich oder teilweise vertrieben, so daß die belebende Wirkung seiner Nähe nur geschwächt die Wesen der physischen Erde erreichen kann. Und auf der anderen Seite werden zugleich durch die technische Zivilisation und die Überflutung mit Medien unüberschaubare Heere von lebens- und menschenfeindlichen, dämonischen Elementarwesen in den Erdenumkreis gesandt, wie Rauchwolken vor der Lichtesoffenbarung.

So entwickelt sich das wichtigste geistige Geschehen unserer Geschichtsepoche. Wenn man seine Dramatik mit Hilfe der ehrfurchtsvoll emporgehobenen Erkenntnisschale erfaßt hat, gebiert sich daraus auch eine Grundeinstellung zur Erde: Nicht steht für den Menschen das Beklemmende einzelner ökologischer Schäden im Vordergrund, auch nicht die weltweite ökologische Gefährdung menschlicher Gesundheit und menschlichen Lebens, sondern das, was noch viel gewichtiger ist: die tragische Verfremdung der Christus-Nähe. Als wichtigstes Ziel einer ökologischen Sorge um die Natur muß folglich auch die Wiedereinsetzung der vertriebenen Elementarwesen in ihre Rechte und in ihre Wirkensgebiete gelten. Und die Grundeinstellung des ehrfurchtsvoll erkennenden Menschen zur Welt könnte etwa so zusammengefaßt werden: Sehnsucht nach einer *von Elementarwesen neu betreuten Umwelt* und dadurch nach einer ungeschwächten Durchstrahlung der Erde aus der Christus-Sphäre.

Und die Grundeinstellung zum Leben der Menschheit? Wieder gibt es ein Allerwichtigstes für die Menschheit in unserer Zeit, wieder ist es das Ereignis der Wiederkunft Christi. Wie aber sollte der Mensch dieses Ereignis miterleben? Es gibt mehrere Gesichtspunkte dafür, darunter wieder einen allerbedeutendsten: Der neu sich offenbarende Christus erscheint als «karmischer Richter», also als derjenige, der die Regelung menschlicher Schicksale übernimmt. Er bewirkt dabei mehr als nur einen kosmisch-gerechten Ausgleich für Menschentaten, er schafft mehr als nur Gelegenheiten dazu, daß der Mensch die Augenblicke, in denen er dereinst, vor Jahrhunderten, versagt hat, für sich und für seine Umgebung wieder gutmachen kann. Durch sein Opfer wurde Christus zum Träger des Schicksals der ganzen Menschheit. Und indem er sich jetzt auch der Regelung der Einzelschicksale annimmt, wirkt er so, daß er das Einzelschicksal mit dem Gesamtschicksal der Menschheit zusammenfügt, in Einklang bringt. Die Bedeutung der Begriffe «gut» und «böse» ändert sich; der Mensch kann nicht mehr «gut» nur für sich persönlich sein, ohne an das Wohl der Menschheit zu denken. Was der Mensch schicksalsmäßig erfährt und erleidet, soll nicht nur eine Möglichkeit der Förderung für ihn bedeuten, sondern für die gesamte Menschheit. Das Schicksal des einzelnen gebiert sich von nun an aus dem Menschheitskarma.

Wenn man sich meditativ in diese Erkenntnis versenkt, muß aus ihr im Gefühlsleben des Menschen ein neues Zusammengehörigkeitsempfinden mit der Menschheit und ein neues Verantwortungsbewußtsein nicht nur für die eigenen Taten, sondern auch für das, was andere tun, erwachsen. (Vielleicht wäre das wieder ein Wesenszug des «anthroposophischen Menschenbildes»?) Wer sein Schicksal – durch genügend tief verarbeitete geisteswissenschaftliche Erkenntnis – als bescheidenes Glied des Menschheitsschicksals erlebt, fühlt sich nicht nur besorgt um den Fortgang des eigenen Lebens, um die Sicherstellung der eigenen Zukunft. Es gibt in Wirklichkeit auch keine äußere Sicherheit mehr; denn die ganze Menschheit hat sie verloren. Es gibt allein eine geistige Sicherheit: die Möglichkeit einer äußerlich unsichtbaren Zusammenarbeit mit Christus am Menschheitskarma; oder noch genauer: die Möglichkeit einer treuen Arbeit an sich, um am fortdauernden Menschheitsopfer Christi Anteil haben zu dürfen. Die christlichen Märtyrer und die großen

Verkünder des Christentums fühlten etwas Ähnliches, aber noch nicht mit dem Akzent der Schicksalsgemeinschaft der ganzen Menschheit. Das ist das Neue, was durch Anthroposophie hinzugewonnen wird.

Und so könnte man die Grundeinstellung gegenüber dem Leben der Menschheit, wie sie durch Anthroposophie vermittelt wird, etwa in diese Worte fassen: *Was in der Menschheit geschieht, geschieht auch mir. Ich fühle mich mitverantwortlich für alles, was geschieht, und will die Folgen von allem mittragen, so wie auch Christus alles unaufhörlich selber mitträgt.*

# ANMERKUNGEN

Zitiert wird nach der im Rudolf Steiner Verlag, Dornach, erscheinenden Gesamtausgabe (= GA) der Werke Rudolf Steiners.

1 *Allgemeine Menschenkunde als Grundlage der Pädagogik.* GA 293, Vortrag vom 29.8.1919.
2 *Der menschliche und der kosmische Gedanke.* GA 151.
3 *Grundlinien einer Erkenntnistheorie der Goetheschen Weltanschauung.* GA 2, Kap. «Der Grund der Dinge und das Erkennen».
4 *Die Geheimwissenschaften im Umriß.* GA 13, Kap. «Charakter der Geheimwissenschaft».
5 *Okkultes Lesen und okkultes Hören.* GA 156, 19.12.1914.
6 *Anthroposophische Leitsätze.* GA 26, 5.4.1925.
7 *Mein Lebensgang.* GA 28, 8. Kapitel.
8 *Mein Lebensgang.* GA 28, 7. Kapitel.
9 *Grundlinien einer Erkenntnistheorie der Goetheschen Waltanschauung.* GA 2, Anmerkungen zur Neuauflage 1924.
10 *Die Schwelle der geistigen Welt.* GA 17, Kap. «Von dem Vertrauen, das man zu dem Denken haben kann,

und von dem Wesen der denkenden Seele. Vom Meditieren».

11 Zum Beispiel in den Kapiteln 8 bis 10 von *Mein Lebensgang.*

12 *Menschliches Seelenleben und Geistesstreben im Zusammenhange mit Welt- und Erdenentwickelung.* GA 212, 7.5.1922.

13 *Mein Lebensgang.* GA 28, 10. Kapitel.

14 *Die Geheimwissenschaft im Umriß.* GA 13, Kap. «Die Erkenntnis der höheren Welten».

15 *Wie erlangt man Erkenntnisse der höheren Welten?* GA 10, Kap. «Bedingungen».

16 Zwei charakteristische Beispiele solcher Aussprüche: «Und wenn unser Denken immer mehr in Ordnung kommen soll, wenn es sich immer mehr so entwikkeln soll, daß unsere Gedanken nicht chaotisch durcheinander gehen, sondern von innerem Gefühl, innerer Empfindung durchdrungen, durchsetzt sind, wenn gesundes Wahrheitsdenken immer mehr entwickelt werden soll ...» (*Vorstufen zum Mysterium von Golgatha,* GA 152, 7.3.1914).

«Ganz kurz möchte ich zuerst auf diese Seelenstimmung, auf diese Seelenverfassung eingehen, die beim Geistesforscher und in gewissem Sinne auch bei demjenigen vorhanden sein muß, der geisteswissenschaftliche Forschungsresultate in ihrer Wahrheit anerkennen soll und will ... [Er] muß vor allen Dingen mit einer heiligen Scheu, mit einer unbegrenzten Ehrfurcht dem gegenüberstehen, was Wahrheit, was Erkenntnis genannt werden kann ...» (*Geisteswissenschaft als Lebensgut,* GA 63, 19.3.1914).

17 *Esoterische Betrachtungen karmischer Zusammenhänge,* Band III. GA 237, 28.7.1924.

18 *Anthroposophische Leitsätze.* GA 26, 16.11.1924.

19 *Anthroposophische Leitsätze.* GA 26, 17.8.1924.

20 *Die Beantwortung von Welt- und Lebensfragen durch Anthroposophie.* GA 108, 18.1.1909. Auch als Einzelausgabe.
21 *Wie erlangt man Erkenntnisse der höheren Welten?* GA 10, Kap. «Bedingungen».
22 *Grundlinien einer Erkenntnistheorie der Goetheschen Weltanschauung.* GA 2, Kap. «Das Erkennen» und «Der Grund der Dinge und das Erkennen».
23 *Mein Lebensgang.* GA 28, 10. Kapitel.
24 *Die Philosophie der Freiheit.* GA 4, Kap. «Gibt es Grenzen des Erkennens?».
25 *Mein Lebensgang.* GA 28, 7. Kapitel.
26 *Grundlinien einer Erkenntnistheorie der Goetheschen Weltanschauung.* GA 2, Anmerkungen zur Neuauflage 1924.
27 *Die Geheimwissenschaft im Umriß.* GA 13, Kap. «Charakter der Geheimwissenschaft».
28 *Die Geheimwissenschaft im Umriß.* GA 13, Kap. «Charakter der Geheimwissenschaft».
29 Namentlich: *Esoterische Betrachtungen karmischer Zusammenhänge,* Band IV. GA 238, 10.9.1924.
30 *Wie erlangt man Erkenntnisse der höheren Welten?* GA 10, Kap. «Innere Ruhe».
31 *Anthroposophische Leitsätze.* GA 26, 16.11.1924.
32 *Theosophie.* GA 9, Kap. «Die physische Welt und ihre Verbindung mit Seelen- und Geisterland».
33 *Theosophie.* GA 9, Kap. «Die physische Welt und ihre Verbindung mit Seelen- und Geisterland».
34 *Goethes naturwissenschaftliche Schriften,* IV. Band. GA 1d, Einleitung.
35 *Der Tod als Lebenswandlung.* GA 182, 16.10.1918.
36 *Erdenwissen und Himmelserkenntnis.* GA 221, 18.2.1923.
37 *Das esoterische Christentum und die geistige Führung der Menschheit.* GA 130, 1.10.1911.

38 *Anthroposophische Gemeinschaftsbildung.* GA 257, 23.1.1923.

39 *Allgemeine Menschenkunde als Grundlage der Pädagogik.* GA 293, 30.8.1919.

40 *Grundlinien einer Erkenntnistheorie der Goetheschen Weltanschauung.* GA 2, Kap. «Die organische Natur».

41 Genaueres findet man z.B. in Thomas Göbel, *Die Pflanzenidee als Organon.* Niefern-Öschelbronn 1988.

42 *Die Geheimwissenschaft im Umriß.* GA 13, Kap. «Die Weltentwickelung und der Mensch».

43 *Die soziale Grundforderung unserer Zeit. In geänderter Zeitlage.* GA 186, 7.12.1918. Text zitiert nach der ersten Ausgabe vom Jahre 1921.

44 *Vergangenheits- und Zukunftsimpulse im sozialen Geschehen.* GA 190, 28.3.1919.

45 *Die Geheimwissenschaft im Umriß.* GA 13, Kap. «Die Erkenntnis der höheren Welten».

46 *Wie erlangt man Erkenntnisse der höheren Welten?* GA 10, Kap. «Bedingungen».

47 *Die Welt der Sinne und die Welt des Geistes.* GA 134, 27.12.1911.

48 *Die Geheimwissenschaft im Umriß.* GA 13, Kap. «Die Weltentwickelung und der Mensch».

49 *Das Verhältnis der Sternenwelt zum Menschen und des Menschen zur Sternenwelt. Die geistige Kommunion der Menschheit.* GA 219, 31.12.1922.

50 *Anthroposophische Leitsätze.* GA 26, 17.2.1924.

51 *Das Verhältnis der Sternenwelt zum Menschen und des Menschen zur Sternenwelt. Die geistige Kommunion der Menschheit.* GA 219, 31.12.1922.

52 *Das Verhältnis der Sternenwelt zum Menschen und des Menschen zur Sternenwelt. Die geistige Kommunion der Menschheit.* GA 219, 31.12.1922.

*Zur Vertiefung der Anthroposophie*

KLAUS DUMKE

# Im Blick des Erzengels

*Zu den Jahreszeiten-Imaginationen Rudolf Steiners.*
*133 Seiten, Leinen.*

Auf der Grundlage der kosmischen Jahreszeiten-Imaginationen Rudolf Steiners zeichnet Klaus Dumke den Weg zu einer erneuten, konkreten Begegnung mit den im Jahreslauf wirkenden geistigen Wesenheiten.

*Aus dem Inhalt:* Kosmische Umschwünge – Sonne, Mond und Erde / Ein Stück Geheimwissenschaft / Kosmische Substanzen – Merkur, Salz und Sulfur / Der Mensch – ein siebengliedriges Metall / Jahreszeiten-Alchymie.
Johannes der Täufer / Auf der Suche nach Geist-Erlebnissen im Sommer / Jenseits des Sommernebels – die Uriel-Imagination / Verwandlung von Silber und Gold – das historische Gewissen / Dreifaltigkeit – die eigentliche Johanni-Imagination.
Im Bewußtseinsgarten. Auf dem Wege zur Innerlichkeit des Geistes / Vom Sonnengeheimnis des denkenden Ich / Michael-Begegnung im Herbstgang / Michaelische Schicksalsbewältigung.
Merkur-Erde zwischen Sonne und Mond / Winterleben des Salzes / Weihnacht-Winter: Mondenspiegel und Sonnengeburt.

*Zur Vertiefung der Anthroposophie*

KARL KÖNIG

## Die Mission des Gewissens

*Fünf Vorträge gehalten in Föhrenbühl*
*vom 13. Dezember 1964 bis 6. Januar 1965.*
*Mit einem Vorwort*
*von Hans Müller-Wiedemann*
*82 Seiten, Leinen.*

*Aus dem Inhalt:* Das Urphänomen der Sozialwissenschaft / Der Mensch als soziales Wesen / «Der Hoffnung Himmelsfrucht» und das menschliche Gewissen / Das menschliche Gewissen und die beiden Jesusknaben / Die Weiterbildung des Gewissens und das neue Hellsehen als Kraft des Guten.

«Eines der innersten Ereignisse der Weihnachtszeit ist die Geburt des Gewissens als der aus der Hoffnung entstehenden Himmelsfrucht. Das wird nun Eines: Der Geistkeim des Menschen, das Urbild allen sozialen Wesens in uns, die Hoffnung, aus der wir alle entstanden sind und aus der die Stimme des Gewissens erwacht, um zu begrüßen das Licht der Welt, das weihnachtlich sich auf uns heruntersenkt – das gleiche Licht der Welt, das vor zweitausend Jahren in das Dunkel dieser Erdennacht hineingeschienen hat.»

*Karl König*